길 위에서 배우는 교과서
서울 편

길 위에서 배우는 교과서 – 서울 편

1판 1쇄 2024년 2월 20일

지 은 이 이상헌
지　　도 정지원

발 행 인 주정관
발 행 처 북스토리㈜
주　　소 서울특별시 마포구 양화로 7길 6-16
　　　　　 서교제일빌딩 201호
대표전화 02-332-5281
팩시밀리 02-332-5283
출판등록 1999년 8월 18일(제22-1610호)
홈페이지 www.ebookstory.co.kr
이 메 일 bookstory@naver.com

ISBN 979-11-5564-333-4 44910
　　　 979-11-5564-326-6 (세트)

길 위에서
배우는
교과서

길에서 역사 인물의 흔적을 만나다

서울 편

이상헌 지음

북스토리

빅뱅이 우주의 시작이라면 북극성은 인류 문명의 특이점이다. 고고히 자리를 지키고 있는 폴라리스가 있었기에 인류는 지금의 문명을 이룩할 수 있었다. 역법을 밝혀내어 농경을 시작했고 항해술을 개발하여 세상을 인식했으며 교역으로 문물을 전파했다.

우리 개개인의 발원은 북극성과 같아서 인생을 의미 있게 보낼 수 있는 기준점으로 작용한다. 목표가 있으면 삶의 자세가 달라진다. 권태감이 스며들 여지를 차단하며 무료함 따위는 발붙일 자리가 없다. 허송세월하지 않고 꿈을 이루기 위해 한 뼘이라도 나아가려 하기 때문이다.

옛사람은 "백 년도 못 사는 인간이 천 년을 근심한다."라고 했으나 이제는 백 년이나 살면서 무료함을 견뎌야 하는 시대다. 인생 이모작을 살아야 하는 현대인은 직장과 집을 쳇바퀴 돌듯 생활하다가 자유롭고 넉넉한 시간이 주어지면 어찌할 줄을 모른다. 평생을 일에 파묻혀 살았으니 재미있게 사는 길을 잊어 버렸다.

사는 동안 무기력한 인생을 보내지 말고 구슬을 꿰는 즐거움으로 살아야 한다. 휴대전화가 세상을 바꿔 놓은 지금, 누구나 사진을 찍고 글을 쓸 수 있다. 이를 보기 좋게 엮어서 세간에 펼쳐 놓는다면 개인적인 기쁨일 뿐 아니라 인류에게 공헌하는 길이다.

이 책은 지은이가 길치를 벗어나고자 하는 길부림에서 시작한 것이지만 켜켜이 쌓인 역사의 한 층을 벗겨 내었다고 자부한다. 삼국 시대 이래로 서울이 대한민국의 수도가 된 지 2천여 년, 한민족의 모든 행위와 인프라가 흥멸하면서 겹겹이 지층을 덮고 있다. 한 걸음 내딛으면 역사의 궤적이 드러나고 두 걸음 옮기면 흐름이 보인다.

서울 살이로 꾸몄지만 세상에 공개된 이후에는 많은 사람에게 영감을 주리라 생각한다. 각자 자신이 살고 있는 지역을 탐방하며 지금껏 없던 성과를 낼 수 있으니까 말이다. 자기가 살고 있는 뻔한 동네. 익숙해서 새로울 것이 없는 장소. 공기처럼 의식하지 못하는 고향 살이일지라도 데이터가 축적되고 편집이 더해지면 훌륭한 결과가 나온다.

양적 팽창이 있어야 질적 수준이 높아지듯이 단편적인 데이터를 모으면 가치 있는 정보를 뽑아낼 수 있다. 재미 가득한 인생을 위해 저마다 자신이 사는 지역에 대해 어떤 식으로든 구슬을 꿰기를 바란다. 대한민국의 발전에 기여할 수 있음은 물론이요 현대인의 몸에 가득한 스트레스 호르몬을 말끔히 날려 버리는 일이다.

유기체가 살고 있는 지구는 엔트로피의 증가가 필연적이므로 우리 몸속에도 무질서의 정도는 늘어날 수밖에 없다. 적당한 스트레스는 삶의 원동력이 되지만 쌓인 채로 놔두면 무기력에 빠진다. 사람은 몸을 움직여 내분비 호르몬을 태워 버리지 않으면 삶이 우울해진다. 체내에 그득한 스트레스 호르몬은 뇌에 축적되어 두려움, 불안, 무력감을 성하게 만든다.

맥 빠짐을 막는 근원적인 해결책은 워킹이다. 생명은 의식과 무의식의 정반합으로 살아간다. 전자가 워킹이고 후자는 잠이다. 생각의 정리가 필요할 때 천천히 걸으면 영감이 떠오르고 막혔던 문제의 대책이 드러난다. 발걸음으로도 풀기 어려운 고민은 충분한 수면을 취하고 난 다음에 해법이 나타난다.

걷고 있는 사이, 잠을 자는 동안에 뇌는 신경망의 연결을 조합하여 뉴런의 통로를 더 넓히고 새로운 허브를 재조직하는 네트워킹을 행한다. 새롭게 짜인 연결망 덕분에 이전에는 할 수 없었던 것이 비로소 가능해진다.

C O N T E N T S

/ 4장 /
겨울 편

/ 1장 /

사계절 편

길치라서 눈에 담을 수 있었던
서울의 사계

　　　　　　　타고난 길치를 '0'이라 하고 그 반대편에 있는
사람을 '9'라고 할 때, 필자는 '2'쯤에 자리하고 있다. 한양 태생으로 중년을
살고 있지만 아직도 서울 지리를 잘 모르기에 지하철이 없으면 목적지를
찾아가는 데 상당히 애를 먹는다. 역사 내의 화장실이라도 들렀다 나올라
치면 순간 멈칫! 한다. 진행 방향이 살짝 헷갈렸기 때문이다.

　초행길에다가 부득이하게 운전을 해야 할 경우에는 약속 시간보다 2시간
정도 일찍 나온다. 차를 몰고 30분이면 가는 거리를 2시간 넘게 헤매기도
한다. 같은 길을 한 달 내내 왕복하더라도 조금만 경로를 벗어나면 어리바
리해진다. 네비게이션을 따라가도 우왕좌왕하기 일쑤이며 지도를 손에 들
고 있어도 무용지물이다.

　이런 주제에 수동 차량을 몰고 있으니 방향치의 해자는 생각보다 넓고 깊
다. 게다가 낮과 밤이 전혀 다른 세계로 다가온다. 기문둔갑을 펼칠 정도로
낯선 환경으로 바뀌는 것이다. 길맹에서 벗어나고자 서울 시내 탐험을 수

눈 내린 남산
눈구름에 감싸인 한겨울 풍경이 아름답다.

도 없이 했고 기름값도 수백만 원 어치를 써 가며 돌아다녔지만 바뀐 게 없다. 같은 길을 몇 달만 가지 않으면 잊어버리기 때문이다.

　고양이과 인간으로 태어난 필자가 갯과 사람으로 변모할 수는 없는 일이었다. 이건 마치 물고기 보고 땅 위에서 걸으라고 하는 것처럼 극악무도한 행위라는 사실을 깨달았다. 마음을 바꿨더니 딴 세상이 열렸다. 어깨에 카메라를 둘러매고 자분자분 서울 시내 산책을 하다 보니 여러 곳의 아름다운 사계를 담을 수 있었다.

그뿐만 아니라 필자의 이런 몸부림은 코로나19 시대의 뜻 깊은 자료로 남게 되었다. 바이러스는 우리네 삶의 양태를 바꿔 놓았다. 평범한 일상이 얼마나 소중한가를 누구나 절감하였을 것이다. 카메라는 이런 상황에서 좋은 친구가 되어 준다. 도무지 심심하거나 외로울 틈을 주지 않기 때문이다.

뷰파인더사진을 찍기 위해 혹은 초점을 맞추기 위해 들여다보는 기구를 들여다보면 평범한 것도 의미 있는 대상으로 다가온다. 평소에는 거들떠보지 않던 무심한 것들이 사진가의 시선을 유혹한다.

북한산의 마침표이자
관악산의 되돌이표

남산은 서울 한복판에 자리한 명소로서 동서남북 어디에서도 랜드마크로 우뚝 서 있다. 높이는 270미터에 면적은 약 3㎢에

남산의 봄날
날이 풀리고 물이 오르면서 벚꽃이 화려하게 피어난다.

이른다. 꼭대기 전망대에서 바라보면 청와대를 지나 북악산과 북한산이 보이고 남쪽으로는 한강 물줄기를 넘어 현충원과 관악산이 한눈에 들어온다.

남산의 사계절은 북한산의 마침표이자 관악산의 되돌이표가 된다. 가을이면 북한산에서 물들기 시작한 단풍이 관악산으로 내려와서는 잠시 숨을 고르다 남산에서 절정을 맞이하기 때문이다. 붉은 물결이 겹겹이 쌓이면서 마치 단청 같은 느낌을 선사한다.

봄철이면 벚꽃이 화사하게 날리고 초여름 장마철에는 비구름이 자욱히 내려앉아 보는 맛을 더해 준다. 밤 중에도 가로등이 환하게 비추므로 야간 산책을 즐기는 이들도 심심치 않게 만날 수 있다. 조명이 비추는 성곽에서는 라이트 페인팅으로 멋진 밤 풍경을 담을 수 있으며 운무가 피어오르는 날이면 팔각정 앞 풍경은 마치 별천지를 거니는 듯하다.

사통팔달,
10군데에 이르는 산책 루트

남산 산책길은 무려 10군데에 이른다. 가장 손쉬운 방법은 충무로역 4번 출구로 나와 남산순환버스를 타고 정상부에서 내려 탁 트인 조망을 구경하는 코스다. 오전 11시에는 봉수대에서 봉화 의식을 구경할 수 있으며 팔각정 앞에서는 오후 3시부터 약 한 시간 동안 전통 무예 시범과 사물놀이 공연이 펼쳐진다.

관람 뒤에는 남산 케이블카 방향으로 하산하여 백범광장을 거쳐 회현역이나 명동 방면으로 내려오는 경로가 있다. 길을 따라 남산 성곽이 이어지며 서편으로 한강 물줄기 너머 강남 일대를 조망할 수 있어 훌륭한 산책길이다. 잠두봉 포토 아일랜드에서는 지는 노을을 감상하며 탁 트인 경치를

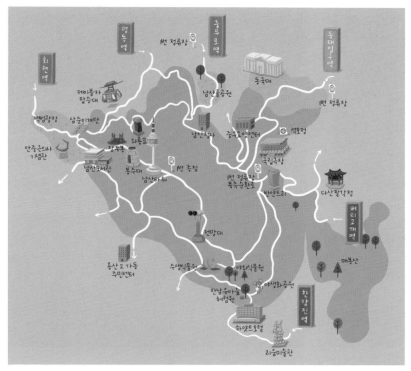

10군데에 이르는 남산 산책길

조망할 수 있어 무척 근사하다.

이 코스에서는 안중근의사기념관을 빼놓을 수 없으며 최근에 개방된 한양도성유적전시관도 둘러볼 만하다. 백범광장의 회돌이 길에서는 멋진 사진을 찍을 수 있으며 삼순이계단으로 방향을 잡으면 남산 돈가스 거리를 지나 명동역으로 이어진다.

정상부에서 남산서울타워 옆길을 타면 4월에는 흐드러지게 핀 벚꽃을 밟으며 눈 호강을 할 수 있다. 지루할 틈 없이 굽이진 길을 따라 걷는 맛이 은근히 매력적이며 소월길 옆 남산도서관에서 바라보는 풍경도 제법 볼 만하다.

화사하게 피어난 여름날의 나리꽃
남산순환버스에서 내리자마자 참나리가 관광객을 반긴다.

 국립극장 정류장에서 하차하여 왼쪽 벚꽃 길을 따라 전망대를 거쳐 정상
으로 가는 길과 오른쪽 북측순환로를 따라 동국대와 필동 방면을 돌아보는
루트도 있다. 전자를 선택하면 중간쯤에 이르러 남산야외식물원으로 내려
갈 수 있으며 중턱에 마련된 전망대에서 바라보는 풍광이 산책객의 마음을
사로잡는다.

 후자를 따르면 석호정에서 궁사들의 활 쏘는 모습을 구경할 수 있으며 이
정표를 따라 조금 진행하면 우측에 동국대로 내려갈 수 있는 팻말이 나온
다. 상록원 샛길을 따라 캠퍼스를 관통하면 3호선 동대입구역에 도착한다.

동국대로 빠지지 않고 잘 포장된 산책로를 따라 계속 걸으면 와룡묘에 들러서 단군성전과 삼성각을 관람할 수 있다. 코스 중간쯤에 필동(중구노인요양센터)으로 내려가는 샛길과 남산청사(서울시청별관)로 연결되는 소로^{작고 매우 좁다란 길}가 나온다. 이 길을 택하면 남산골공원을 가로질러 4호선 충무로역으로 접근할 수 있다.

이태원동에서 접근하는 경로도 훌륭하다. 6호선 한강진역 1번 출구로 나와 리움미술관의 예술 작품을 감상하고 하얏트 호텔을 끼고 돌아 남산야외식물원에 이르는 길이다. 각종 야생화와 봄꽃을 한 장소에서 관람할 수 있으며 수생식물원에서는 색다른 풍경을 접할 수 있다. 여기서 소로를 따라

팔각정 앞에서 펼쳐지는 전통 무예 시범

남산공원의 가을날
산책 나온 시민들의 일상이 풍요롭다.

오른쪽으로 진행하면 국립극장에서 오르는 코스와 합류한다.

마지막은 6호선 버티고개역 3번 출구로 나와 매봉산으로 올라 다산팔각
정을 거쳐 반얀트리 옆길을 타고 국립극장으로 향하는 길이다. 남산에 오
르는 산책길 중 가장 덜 알려진 장소다. 지도에도 표시되지 않은 작은 샛길
이므로 찾는 사람도 거의 없어서 깜짝 놀랄 것이다.

이촌과 서빙고역 사이,
120년 만에 열린 금단의 땅

경의 · 중앙선 서빙고역과 이촌역 사이에는 시멘트 블럭과 철조망으로 둘러쌓여 대한민국 국민이 들어갈 수 없는 지역이 있었다. 지도에도 나오지 않는 2.6㎢의 면적을 가진 둔지산 전체로서 누구나 알고 있는 용산 미군기지를 말한다. 여의도 면적이 2.9㎢이므로 어느 정도의 크기인지 쉽게 가늠할 수 있을 것이다.

주한 미군이 경기도 평택으로 이전하면서 이 땅이 시민에게 개방되었으니 바로 용산공원(미군 장교 숙소)이며, 바로 옆에 용산가족공원과 중앙박물관, 한글박물관이 한곳에 자리하고 있다. 이촌역 2번 출구로 나오면 두 곳의 박물관을 거쳐서 용산가족공원과 용산공원을 거닐어 볼 수 있고, 서빙고역

용산공원 내 이국적인 풍광
개방된 미국 장교 숙소 풍경.

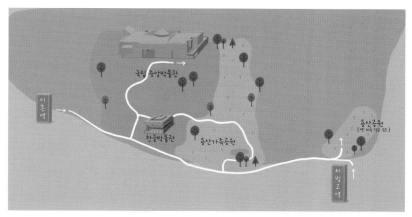

이촌역과 서빙고역 사이 산책길

에서는 1번 출구로 나와 횡단보도를 건너 좌측으로 진행하면 된다.

한강 변을 따라 형성된 이촌동은 두 곳으로 나뉜다. 노들섬을 지나는 한강대교를 기준으로 우측의 이촌1동이 동부이촌동, 왼편의 이촌2동은 서부이촌동이라고 부른다. 전자는 일본인 밀집 동네이므로 한국 속 저팬 타운이라 불릴 만하다. 옆 동네인 서빙고西氷庫는 조선 시대 때 얼음을 채취하고 보관하였다가 임금님에게 진상하던 곳이다. 동빙고는 현재 흔적만 남아 있으며 뉴질랜드, 이라크, 키르키즈스탄, 튀니지 대사관이 자리하고 있다.

용산을
산책하다

산책의 시작은 4호선 이촌역 2번 출구로 나와 국립중앙박물관에서 시작한다. 상설 전시관 특별전부터 시작해서 여러 가지 기획 전시가 계속되는 곳이므로 청소년의 체험 코스로도 이름나 있다.

한글에 홀린 듯 천을 만지고 있는 아이.

입구 옆 계단 위로 올라 보자. 주변에 높은 건물이 없기에 시원한 풍경이 펼쳐지며 남산의 풍광이 새롭게 다가온다. 박물관 앞에는 거울못이라는 너른 연못이 있고 옛스러운 청자정에 오르면 물속을 헤엄치는 잉어 떼와 거북이를 볼 수 있다.

박물관 안으로 들어가면 족히 하루는 투자해야 할 만큼 유물을 구경하는 재미가 각별하다. 문화재 관람을 반나절 정도로 끝내고 출입구로 나와 보신각종 방향으로 거닐다가 우측으로 꺾으면 석탑 정원이 나온다. 갈항사삼층석탑, 천수사삼층석탑, 안흥사오층석탑 같은 돌탑과 여러 석물이 자리하고 있다.

봄철이면 매화꽃이 화사하게 피어나므로 벚꽃만큼이나 볼 만한 풍경이 연출되고 배롱나무, 진달래, 꽃창포 등등 여러 식물이 한껏 자태를 뽐낸다. 저녁 무렵이면 조명이 은은하게 비춰 석물과 함께 사진적 피사체가 된다. 석등이나 문인석 등을 둘러보고 그 앞에 있는 국립한글박물관에 들어가 보자. 훈민정음 해례본 사본을 비롯하여 여러 가지 역사 유물이 전시되어 있다.

박물관을 나와 석탑 정원 사잇길로 들어서면 자그마한 미르 폭포가 나온다. 여름철 수량이 많을 때는 작은 무지개가 수시로 피어나므로 보는 재미가 삼삼하다. 이 길로 계속 가면 용산가족공원이 나온다. 넓은 잔디밭이 축구장만큼이나 길게 펼쳐져서 인근 주민들이 돗자리를 들고 마실을 나오는 장소다.

잔디밭 옆 놀이터에서는 유아들이 흙 놀이를 할 수 있으며 또 그 옆으로는 분수를 뿜는 연못이 있다. 봄철 짝짓기 때는 개구리와 맹꽁이가 시끄러울 정도로 까울까울 울어 댄다. 운이 좋으면 육지로 나와 어슬렁거리는 놈들을 볼 수도 있다. 낮에는 개구리가 울지 않으므로 어스름히 저녁 노을이 깔릴 때쯤 찾아가면 된다.

잔디밭 한쪽에서는 주말농장을 체험할 수 있고 원두막에 앉아서 마시는 차 한 잔이 일품이다. 군데군데 조각품이 설치되어 있어 심심할 수 있는 산책길에 포인트를 주고 있으며 가을이면 단풍과 함께 모과나무가 풍성한 열매를 맺는다.

개구리 소리가 우렁차게 울리는 용산가족공원의 여름밤
더위를 피해 소풍 나온 부부가 한담을 나누고 있다.

금단의 땅
용산공원

　　　　　　　　용산가족공원을 뒤로하고 서빙고역 방향으로
조금 걷다 보면 용산공원이 나온다. 서두에서 언급했던 금단의 땅이다. 매
주 화~일요일에만 개방하며 운영 시간은 09~18시까지다.

　안에 들어서면 미국의 한적한 시골 동네로 순간 이동한 듯한 착각에 빠
진다. 서울 시내 한복판에서 그들의 가정집에 초대되어 들어간 듯해서 기
분이 묘하다. 불행한 근현대사의 아픔을 떠올리게 하는 광경이자 여유로운
삶의 흔적을 접할 수 있기에 기이한 양가감정을 느끼게 해 준다.

　길게 늘어서서 외부인의 출입을 막는 베이지색 울타리와 적벽돌로 세워
진 이국인의 건축 양식이 이러한 느낌을 더욱 선명하게 대비시키고 있다.
용산공원 전시 공간에서는 수십 년 전의 사진 자료와 함께 이 지역의 과거
와 현재를 살펴볼 수 있으니 빼놓지 말고 둘러보자.

시민 품으로 돌아온 용산공원 실내외 전경

흑석동에서
탁 트인 한강 풍경 보고 싶다면,
여깁니다

　　　　　고^故 이건희 삼성 회장의 추도식이 있었던 원
불교 소태산 기념관과 중앙대학교 병원이 자리하고 있는 흑석동은 예로부
터 '검은 돌'이 나온다고 해서 붙여진 이름이다. 왼편으로 노량진, 남쪽으로
는 상도동, 우측으로 현충원 사이에 자리하고 있으며 한강 변을 바라보는
풍광이 멋진 곳이다. 그간 다른 지역에 비해 발전이 더뎠지만 지금은 재개
발이 한창이라 새롭게 단장하고 있다.

　이번 산책 코스는 9호선 흑석역에서 시작하여 노량진 사육신역사공원을
거쳐 고구동산으로 올라 달마사를 구경하고 중앙대학교로 내려오는 경로다.
중간중간에 한강을 조망할 수 있는 포인트(효사정, 용봉정, 동양중, 용양봉저정)
를 거닐게 되며 비교적 덜 알려진 루트라서 호젓하게 걸을 수 있다. 무엇보다
고지대에 위치해 있어 어느 곳에서든 한강을 바라보는 풍광이 인상적이다.

　흑석역 1번 출구로 나오면 바로 앞에 소태산 기념관이 있다. 이 건물은
2019년에 준공되었기에 아직까지는 찾는 이가 거의 없다. 오른편에 보이

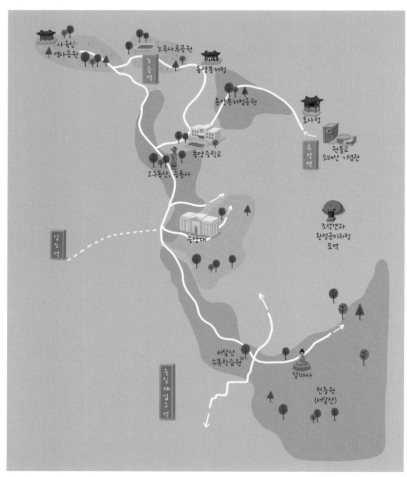

한눈에 보는 흑석동 산책 코스

는 원형 건물이 전망대이고 3층 높이의 옥상에 테이블과 의자가 놓여져 있
다. 주전부리를 들고 올라가도 괜찮다. 유유히 흐르는 한강 너머로 용산과
이촌동의 빌딩 숲이 펼쳐진다. 좌측으로는 여의도가 보이고 동편으로는 저
멀리 롯데월드타워까지 감상할 수 있다.

효사정에서 바라본 소태산 기념관 야외 정원
우측의 둥근 조형물이 원불교 소태산 기념관 3층에 있는 정원이다.

바로 옆에 붙어 있는 효사정(문학 공원)은 조선 세종 때 우의정을 지낸 노한盧閈의 별장이었으며 여기에 흑석동 출생의 심훈沈熏 선생을 기리기 위해 동상을 같이 세웠다.

흑석동의 도깨비 건물과
포토제닉 포인트

효사정을 내려와 육교를 건너면 용양봉저정공원 중앙에 용봉정이 서 있다. 지대가 어지간히 높기에 한강 물줄기를 살펴보기에 좋은 장소다. 한강철교와 한강대교를 비롯하여 저 멀리 원효대교와 마포대교가 겹겹이 보이고 좌측에는 63빌딩을 넣어서 분위기 있는 밤 사진을 찍을 수 있다.

용양봉저정공원에서 바라본 한강 풍경
흑석동 제1의 조망 포인트로서 비밀로 하고 싶은 장소.

노들역과 용봉정 사이에 있는 용양봉저정
정조가 아버지 사도세자의 묘를 찾을 때 잠시 쉴 목적으로 세웠다.

걸음을 옮겨 동양중학교로 가면 착시를 일으키는 희안한 건물이 있다. 길 앞에서 보면 축대 위에 기우뚱하니 서 있기에 쓰러질 듯이 보이지만 옆에서 보면 똑바르다. 동양중 바로 옆에는 인덕법단이라는 작은 사찰이 있다. 명·청 시대에 유행한 도교 갈래의 종교로서 미륵불을 모신다고 한다. 이곳 언덕이 제법 높아서 흑석동 일대를 관망할 수 있는 포토제닉^{Photogenic, 사람, 동물, 풍경 등의 사진이 아름답게 잘 나오는 것을 뜻함} 포인트가 된다.

동양중을 뒤로하고 노들역 쪽으로 내려오면 용양봉저정이 있다. 조선 제22대 임금 정조는 아버지인 사도세자의 묘가 있는 수원 현륭원을 자주 찾았다. 이때 한강을 건너가기 위해 배다리를 임시로 설치한 뒤 잠시 쉴 목적으로 지은 행궁이다. 그 뜻은 '용이 뛰놀고 봉황이 높이 난다.'라는 의미다.

여기서 길을 건너면 9호선 노들역이 나오고 그 앞에 노루나루공원이 있다. 위치한 자리가 어정쩡해서 동네 사람이 아니면 잘 찾지를 않는다. 과거에 비해서 많이 나아졌지만 아직까지도 접근하기에 좋은 편은 아니다. 단풍터널과 유소년 축구장 등을 구경하며 계속 걷다 보면 사육신역사공원이 나온다.

사육신死六臣은 단종의 복위를 꾀하다가 세조에게 죽임을 당한 여섯 신하를 말한다. 박팽년, 성삼문, 유응부, 이개, 유성원, 하위지이며 후대에 이들을 기리기 위해 묘역을 만들었다. 학원가가 밀집한 노량진1동에 위치해 있음에도 그렇게 많은 사람이 찾는 장소는 아니다. 서울시에서 선정한 우수 조망소임에도 불구하고 말이다.

다만, 불꽃 축제가 벌어지는 때는 인산인해를 이룬다. 여기서 여의도 방향으로 바라보는 풍광이 제법 근사하기 때문이다. 노량진(노들나루)은 교통 요지에 있던 나루터 명이다. 과거로부터 전략 요충지에는 군사 시설인 진津이 세워 졌으며 그 이름의 흔적이 지금도 남아 있다. 광진구(광나루역), 한강진(한남동), 양화진(마포 합정동), 송파진(잠실 석촌호) 등등.

서달산 제1의 전망 지점
달마사

　　　　　　　　　노들역으로 되돌아가 상도터널 방향으로 조금만 걸으면 우측에 고구동산 들머리가 나온다. 동작충효길이라는 이정표가 세워져 있으니 길을 잃을 염려는 없을 것이다. 줄지어 늘어선 나무 사이로 쉬엄쉬엄 걷다 보면 어느새 정상부에 도착하고 농구장을 지나 내려오면 승룡사가 있다. 이곳에서 바라보는 흑석동 조망이 그럭저럭 볼 만하다. 반포동을 넘어 잠실까지 굽어볼 수 있다.

　고구동산 앞길이 중앙대학교이며 캠퍼스를 관통하면 흑석역으로 나오게 되고 중간에 흑석동성당 앞마당에 들르면 심훈 생가터임을 알리는 표석을 볼 수 있다. 내친김에 중앙대를 왼편에 끼고 서달산 길을 따라가 보자. 15분 정도면 달마사에 이르며 담장을 따라가면 국립서울현충원(국립묘지)으로 들어갈 수 있다.

　현충원은 지은이가 자주 찾는 곳으로서 여의도 면적만 한 지역을 혼자 걷는 듯한 별격의 매력을 선사한다. 묘지라는 선입견 때문인지 찾는 사람이 거의 없어서 언제 어느 때 가더라도 한가롭고 여유롭다.

　달마사는 지도에도 잘 표시가 되지 않는 작은 규모의 사찰이지만 봉안당 위쪽으로 오르면 탁 트인 경치가 펼쳐지며 왼쪽으로는 행주산성과 오른편으로는 압구정 너머 청담대교가 시야에 들어온다.

　달마사 앞에서 마을버스(동작01, 동작21)를 타고 10여 분 내려가면 흑석역에 정차한다. 반대편으로 방향을 틀면 상도동 살피재(7호선 숭실대입구역)로 내려갈 수 있다.

달마사에서 바라본 흑석동 겨울 풍경

무료 셔틀버스로 떠나는
아차산 일대 탐방기

광진구 중곡동에 위치한 아차산은 남산 정도의 야트막한 높이에 우측으로는 구리시의 한강 조망이 볼 만하며 왼편으로는 중랑천을 따라 늘어선 도심 생활권이 한눈에 들어오는 곳이다. 화창하고 맑은 날에는 위쪽으로 북한산과 도봉산까지 살펴볼 수 있으며 남으로는 관악산과 남한산성을 조망할 수 있다.

이번 산책길은 워커힐 호텔 뒤편 산책로를 위시한 아차산 일대 탐방기다. 벚꽃과 단풍이 화려한 워커힐길을 거닐다가 아차산해맞이공원을 넘어 용마산역 폭포공원으로 내려오는 길이다. 어린이대공원에서 반나절을 보내고 워커힐로 나들이를 가는 코스도 괜찮다.

아차산 워커힐길
청명한 하늘을 배경으로 샛노랗고 새빨간 단풍의 대비가 눈에 뜨인다.

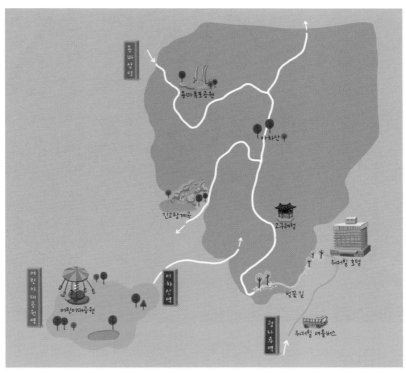

아차산 나들잇길

광나루역 2번 출구에서
무료 셔틀 버스 이용

          워커힐길은 봄철이면 벚꽃이 화사하게 피고 가을날이면 단풍이 수려하게 물들므로 **빼놓을** 수 없는 경로다. 북악스카이웨이와 더불어 드라이빙 코스로도 이름나 있지만 평상시에는 찾는 이가 적어서 한산한 편이다. 접근도 쉽다. 워커힐 호텔까지 무료로 타고 갈 수 있는 셔틀버스가 15분 간격으로 다닌다.

아차산생태공원으로 가는 벚꽃 길
워커힐 아파트 뒤편의 벚꽃 길로서 드라이빙 코스로도 좋다.

5호선 광나루역 2번 출구로 나와 횡단보도를 건너 좌측으로 조금 걸으면 정류장이 있다. 버스를 이용하는 사람이 얼마 없어 호젓하며 승차 뒤 휴대폰 문자를 몇 개 보내면서 수다를 떨다 보면 금새 호텔에 내린다.

이승만 독재 정권의 3·15 부정 선거 관련자로 실직했다가 서울시립대 교수를 지낸 손정목의 《서울 도시 계획 이야기》에 다음과 같은 내용이 나온다. 5·16 군사 정변의 핵심 인물인 김종필과 당시 주한 미군 사령관 멜로이Guy S. Meloy Jr.가 나눈 대화다.

"지금 일본에 1년 동안 약 3만 명 정도의 우리 미군 장병이 위로 휴가를 가고 있는데 만약에 비상사태가 나면 즉시 돌아올 수 있을지가 걱정이다.

한국 내에 미군을 위한 위락 시설이 있다면, 연간 3만 명이 일본에 쓸어 넣고 있는 돈을 여기에 쏟아 넣을 수 있을 것이고, 또 유사시에 비상소집을 하면 즉시 응소해서 신속하게 대비할 수 있을 테고 하니 그런 것이 있었으면 좋겠다."

이런 까닭으로 한국 전쟁 당시 미8군 사령관이었던 월튼 워커Walton H. Walker를 기리기 위하여 워커힐 호텔이 세워진다. 월튼은 북한군의 파상 공세에 맞서 낙동강 방어선을 구축하며 반격의 기틀을 마련하였고 맥아더Douglas MacArthur의 인천상륙작전을 이끌어 낸다.

암사동 쪽 한강 풍취를 감상하며 길을 따라 걷다 보면 워커힐 아파트에 다다른다. 우리나라 최초의 고급 아파트 단지로서 원래는 세계사격선수권대회 선수촌으로 쓰이다가 1978년 대중에게 분양되었다. 풍성하게 가지를 늘어뜨린 단풍나무 사이로 옛스러운 풍경을 느낄 수 있다. 만든 지 40여 년이 지났지만 낡았다는 느낌은 전혀 들지 않는다. 오히려 운치가 있다.

아차산성에서 바라보는
한강 풍취가 압권

길은 외줄기, 아파트를 나와 다시 걸음을 옮기면 아차산성유원지로 들어가는 갈림길이 나온다. 여기서 곧바로 아차산으로 올라갈 수도 있고 조금 더 진행하여 생태공원 방향에서 진입할 수도 있다. 공원 곳곳에는 정자와 벤치 같은 쉼터가 있고 수생식물을 관찰할 수 있도록 물길을 조성해 놓았으니 둘러보는 것을 권한다.

고대로부터 수도 방위를 위한 요충지에는 군사 시설인 진津이 세워졌으니 광진구 아차산 일대는 삼국 시대의 역사 유적이 곳곳에 자리하고 있다.

고구려정 전망 바위에서 휴식 중인 시민

용마폭포공원에서 암벽 타기를 하는 시민들

삼국이 한강 유역을 두고 치열한 쟁탈전을 벌이던 시절, 백제가 전성기를 맞이하면서 아차산 일대에 처음으로 산성을 축조하였고 지금까지도 당시의 유물이 꾸준히 출토되고 있다.

이정표를 따라 고구려정과 해맞이공원을 거쳐 꼭대기에 오르면 호연지기를 느끼게 하는 수려한 풍광이 펼쳐진다. 고구려정에서 보는 경치도 근사하기 이를 데 없으며 정상 부근은 평지로 이루어져 있기에 운신의 제약을 받지 않아서 좋다. 하늘빛을 머금은 한강 물줄기가 휘돌아 나가며 좌우로 펼쳐지는 경관은 두말할 나위 없이 장관이다.

복원된 산성과 보루군을 살펴보다 4보루 갈림길에서 용마산 방향으로 하산하면 용마폭포공원이 나온다. 암벽 등반을 체험할 수 있는 시설뿐 아니라 여름에는 시원한 폭포수가 흐르고 밤중에는 사이키델릭한 조명이 비추기에 몽환적인 분위기를 느낄 수 있어서 좋다.

한편, 시간을 더 투자하여 일찍 산책길에 나선다면 서울어린이대공원을 둘러보고 시작하는 것도 괜

어린이대공원에서 놀이 기구를 즐기는 시민들

찮다. 후문(5호선 아차산역)으로 나와 10여 분쯤 걸으면 아차산 들머리가 나온다. 서울어린이대공원은 생태 연못에서부터 식물원과 동물원, 놀이동산, 수영장, 눈썰매장 등이 자리하고 산책객을 반긴다.

북쪽 외곽 길을 따라서는 벚꽃이 멋드러지게 피고 동남쪽에는 넓은 잔디밭 둘레로 여러 나무들이 식재되어 있어 인근 주민이 즐겨 찾는 곳이다.

공원 내에 볼거리, 놀거리, 휴식거리가 잘 구비되어 있어 아이들과 나들이를 나온다면 족히 하루는 투자해야 할 정도로 둘러볼 만한 장소다. 어른이 되어 다시 찾아보니 옛 풍취는 사라졌지만 다른 시각으로 들여다볼 수 있어서 근사하다.

경주 석굴암을
서울 한복판에서 볼 수 있다고?

창덕궁과 종묘 우측에 자리한 동대문(흥인지문) 일대는 패션타운 관광특구로 지정되어 많은 외국인이 찾는 곳이다. 국내외로 팔려 나가는 의류 도매 시장과 더불어 30여 개의 쇼핑몰이 자리하고 있다. 청계천길을 따라서는 여러 전문 시장이 늘어서 있으니 광장시장(먹거리), 평화시장(의류), 방산시장(포장재), 중부시장(건어물) 등이 마주하고 있다. 골목길을 들어서면 완구거리, 수족관거리, 인장거리, 애완동물거리, 봉제거리 등이 사람들의 시선을 잡아 끈다.

매년 부처님오신날이면 흥인지문에서 연등 행렬이 시작되어 종로를 지나 조계사까지 이어진다. 유네스코 인류무형문화유산으로 지정된 연등 행사를 보려고 수많은 외국인이 때를 맞춰 찾는다. 흥인지문공원에는 서울의 과거와 현재를 보여 주는 한양도성박물관이 있고 길을 따라 낙산공원으로 이어진다.

정상부에서 좌측으로 내려가면 4호선 혜화역이 나오고 계속해서 북진하

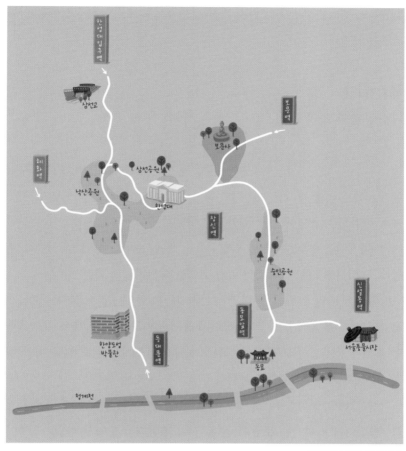

흥인지문 일대 산책 코스

면 성북동으로 접근할 수 있다. 동쪽으로 경로를 잡아 삼선공원을 지나면 6호선 보문역이고 바로 앞에 세계 유일의 비구니 사찰인 보문사가 자리한다. 이곳에 석굴암이 재현되어 있다. 경주의 석굴암은 밖에서 눈으로만 감상할 수 있지만 보문사에서는 안으로 들어가서 유심히 살펴볼 수 있다.

이번 산책기는 동대문역에서 시작하여 흥인지문공원으로 올라 한양도성박물관을 관람하고 낙산공원을 거쳐 삼선동으로 내려와 보문사에서 마무리하는 코스다.

아기자기한
낙산공원의 조망

　　　　　　　　흥인지문공원 한 편에 한양도성박물관이 자리한다. 600년 서울 역사를 보여 주는 곳이므로 빼놓지 말고 들러 보자. 이곳에서 바라보는 동대문 일대의 야경이 상당히 볼 만하다. 월요일은 휴무이며 관람 시간은 09~18시까지다. 창신동 방향에서 성곽 너머로 박물관 외부를 보고 있자면 건물 디자인이 마치 현대판 성벽처럼 느껴진다.

　박물관을 나와 성곽 길을 타면 낙산공원이 지척이다. 낙산駱山은 그 생긴 모양이 '낙타의 등처럼 생겼다.'고 해서 붙여진 이름이다. 이 일대는 이색적인 카페가 옹기종기 모여 있어 살펴보는 재미가 있으며 성곽 길을 따라 벚꽃, 목련, 매화, 개나리 같은 봄꽃이 산책객을 유혹한다.

　낙산은 해발 높이가 125m 정도에 불과하지만 서울 시내를 한눈에 조망할 수 있어서 찾아가는 보람이 있다. 길이 평탄해서 노약자에게도 부담이 없으며 성벽을 따라 은은한 조명이 비추므로 운치 있는 사진을 담을 수도 있다. 낙산공원까지 가장 빠르게 접근하고 싶다면 4호선 혜화역 2번 출구로 나와 길을 오르면 된다.

　낙산에서 성벽 길을 따라 계속 가면 369성곽마을을 지나 삼선교(한성대입구역)로 갈 수 있으며 통문 우측으로 빠지면 삼선공원이 나온다. 여기에 조선 말기 삼군부를 통솔했던 삼군부총무당三軍府總務堂 건물이 있다. 조선 고종 때에 덕의당, 청헌당과 함께 지금의 광화문 정부종합청사 자리에 있었

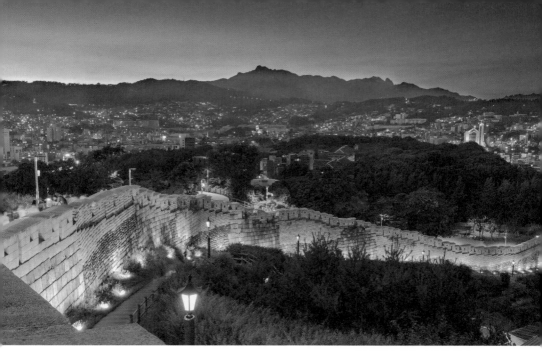

으나 일제강점기 때 총무당을 지금의 위치로 옮겼다. 청헌당은 육사 교내로 이건되었으며 덕의당은 소실되었다.

세계 유일의 비구니
도량 보문사와 석굴암

삼선공원을 뒤로하고 한성대 담을 따라 걸으면 보문사에 다다른다. 대한불교 29개 종단의 하나인 보문사는 세계 유일의 비구니 가람이다. 고려 예종(1115년) 때 조그마한 암자로 시작하여 조선 숙종(1692년) 시절에 세를 불리고 해방 뒤 지금의 보문사가 되었다. 원래는 조계종 산하였으나 1972년 독립하여 보문종을 창시했다.

이름난 유물로는 보물 제1164-2호로 지정된 법화경이 있으며 월정사9층 석탑을 재현한 묘보탑에는 석가모니의 진신사리가 봉안되어 있다. 적벽돌로 쌓은 유리 창문은 70년대 분위기를 간직하고 있으며 바깥에서 공양간 내부를 얼핏 볼 수 있으니 부뚜막과 아궁이가 눈에 들어온다. 그 위에 부엌을 관장하는 조왕신竈王神 탱화가 모셔져 있다.

현대식 건물과 옛스러운 가옥이 연결되어 있어서 비구승남자 승려이 수도하는 사찰과는 분명히 다른, 비구니의 도량임을 느낄 수 있다. 한 스님을 가까이서 호위하는 듯한 고양이를 쫓으며 범종루를 지나 위쪽으로 향하면 석굴암과 산령각이 나온다. 전각 사이로 난 오솔길에 들어서면 보문사 담장을 따라 경내를 한 바퀴 돌 수 있는 숲길이 이어진다.

보문사 석굴암은 1970년 8월에 제작을 시작하여 72년 6월에 완공하였다. 높이 3.38m의 주불은 15톤의 화강암 원석을 깎아 만들었으며 이 불사에 참여한 조각가와 석공이 45,000여 명에 이른다고 하니 그 노고를 충분히 짐작하고도 남는다.

배롱나무와 벚꽃이 화사한
북서울꿈의숲

도봉구 창동에서 노원구 월계동 사이에 위치
한 초안산은 우측으로 중랑천이 흐르고 좌하귀에는 우이천을 건너 '북서울
꿈의숲'과 이어진다. 각기 조그마한 야산이 딸려 있으니 초안산 아래는 영

북서울꿈의숲 벚꽃 길
봄철이면 화사한 벚꽃이 상춘객을 반긴다.

축산이, 북서울꿈의숲 위로는 오패산이 자리한다. 마치 당구장 표시처럼 네 개의 산이 징검다리같이 모여 있기에 아파트 단지가 **빽빽**하게 들어선 이 지역 주민들에게 숨통 역할을 하는 녹지다.

이번 산책길은 초안산에 흩어져 있는 조선 시대 석물을 구경하고 북서울꿈의숲을 관통하는 코스다. 시간과 체력이 허락한다면 영축산과 오패산까지 한 바퀴 돌아보는 것도 좋으리라. 산책은 지하철 1호선 녹천역 1번 출입구에서 시작한다.

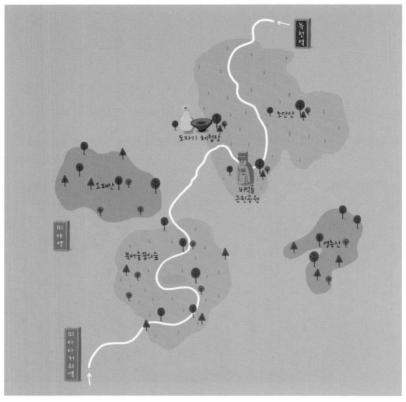

초안산과 북서울꿈의숲 산책길

녹천鹿川의 유래는 홍수로 마을이 폐허가 되었을 때 사슴이 내려와 목욕을 하고 산으로 올라간 뒤에 농사도 잘되고 마을 일이 잘 풀려서 붙여진 이름이다. 초안산에는 조선 시대 환관을 비롯한 여러 계층(중인, 사대부, 궁녀 등)의 무덤이 1,000여 기나 흩어져 있다. 이른바 '초안산 조선 시대 분묘군'이다.

수풀 사이로 봉분, 상석, 문인석, 비석, 동자상 같은 석물이 세월의 흔적을 보여 주고 있기에 묘제와 석물 변천사 연구의 귀한 자료가 된다. 조곤조곤 길을 걷다 보면 계단 옆으로 방문자를 반기는 듯한 동자승이 고개를 내민다.

산책로 한편에는 문인석이 정좌하여 이정표 역할을 하는 것 같다. 성인 무릎 위치보다 작은 석물부터 가슴팍까지 올라오는 망주석까지 다양하다. 자취만 남은 분묘가 산재해 있음에도 공동묘지라는 느낌이 들지 않는다. 체육 시설이 있고 어린이 놀이터를 잘 꾸며 놓았으며 캠핑장과 더불어 도자기 만들기를 체험할 수 있는 시설도 있다.

해발 115m의 야트막한 동산이므로 이마에 땀방울이 맺히기도 전에 정상부가 나온다. 주변 경치를 훑으며 헬기장 방향으로 내려오면 월계고등학교와 염광여자메디텍고등학교 사이에 비석골근린공원이 자리한다. 초안산에 방치되었던 석물을 한군데 모아 조성한 공원으로 이번 산책길에서 빼놓을 수 없는 장소다. 수더분한 문인석과 비석, 익살스러운 동자석과 망주석 사이를 걷다 보면 마치 숨바꼭질하는 듯한 기분을

비석골근린공원의 석물
문인석, 비석, 동자상, 망주석 같은 석물이
전시되어 있다.

느낄 수 있다. 가을날 비석골근린공원에서는 마을 축제 '초안산 문화제'가
열리므로 노원구청에 일정을 확인하여 참여하는 것도 괜찮을 듯하다.

북서울꿈의숲에서
배롱나무와 벚꽃을 보다

번동으로 걸음을 옮겨 우이천을 건너면 북서
울꿈의숲이 나온다. 강북에 계획 조성된 공원으로서 월드컵공원, 올림픽공
원, 서울숲에 이어서 4번째로 큰 규모다.

계획 공원답게 볼거리와 놀거리가 잘 갖춰져 있어 둘러보는 재미가 삼삼
하다. 넓은 잔디밭 옆으로 상상톡톡미술관, 수생 식물이 자라는 월영지에
서 뿜어 나오는 분수, 벚꽃 길 한쪽에 마련된 사슴 방사장, 레일 위를 달리
는 것 같은 엘리베이터를 타고 전망대에 오르면 도봉산, 북한산, 수락산의
풍광이 한눈에 들어온다.

방문자센터 앞에는 창녕위궁재사가 자리하고 있다. 정조에 이어 임금에
오른 순조의 둘째 딸 복온공주와 부마인 김병주의 묘소가 있던 곳이다. 재
사는 묘역을 돌보기 위해 만든 집을 뜻하고 김병준은 순조의 사위에서 창
녕위로 봉해진다. 이후 무덤은 용인으로 이장되었고 손자인 김석진이 이곳
에 거주하였다고 전해진다. 그는 1910년 경술국치 때 일제가 주는 작위를
거부하고 이곳에서 자결한다.

높지도 낮지도 않은 담장 앞에는 붉은 배롱나무꽃이 매년 화사하게 피어
난다. 솟을대문 안으로 들어서면 기단을 장대석으로 높인 전통 가옥임을
알 수 있으며 지금은 아이들의 체험 학습장으로 이용되고 있다.

봄철에는 벚꽃이 화사하게 휘날리며 대숲을 따라 거니는 재미가 있다.

창녕위궁재사
복온공주와 김병준의 묘소가 있었던 자리.

아울러 지자체에서 주최하는 여러 공연과 전시가 매년 이어진다. 문화센터에는 300석 규모의 공연장이 있으며 무더운 한여름에는 물놀이장의 바닥분수가 시원한 물줄기를 뿜어내며 아이들을 유혹한다. 잔디 광장에서 한숨 돌리다 보면 월광 폭포, 애월정, 야생초화원 등이 눈에 들어온다.

관악산 호랑이 기운 누르려고
설치한 사자암

　　봉천동에서 상도동으로 넘어가는 고개를 살피
재라 부른다. '살피'의 어원은 토지의 경계선이나 어떤 물건이 접하는 부분을
나타내며 책갈피라는 용례에 그 흔적이 남아 있다. 이 고갯길의 서쪽에 있는

자그마한 산이 국사봉(상도근린공원)
이며 사자암에서 바라보는 상도동 풍
광이 볼 만하다. 오히려 정상부는 나
무에 가려 탁 트인 조망이 어렵다.

　이번 산책 경로는 상도공원으로 올
라 국사봉 사자암을 구경하고 신대
방동 보라매공원에서 마무리하는 길
이다. 국사봉은 높이가 겨우 180m에
불과한 동네 뒷산이므로 부담스럽지
않아서 좋다.

사자암의 탁 트인 풍경
영등포와 여의도가
한눈에 들어오는 국사봉 사자암의 조망 지점.

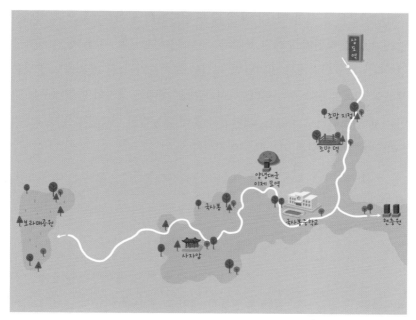

7호선 상도역 1번 출구로 나와 200미터 정도 직진하여 횡단보도 앞에서 우측으로 진행하면 상도근린공원 초입이다. 조금만 올라가면 조망 덱Deck, 1층에 나무 등을 이용해 마루처럼 만들어 놓은 공간이 2군데 나오며 여기서 용산과 상도동을 굽어볼 수 있다. 감탄이 나올 만큼 멋진 풍광은 아니더라도 답답한 아파트 숲을 벗어나 시원한 맛을 느낄 수 있다.

산마루에 오르면 사발을 엎어 놓은 듯한 둥그런 회색 건물이 있으니 이 지역에 수돗물을 공급하는 봉현 배수지다. 이 길을 타고 왼쪽 길로 가면 국립서울현충원 상도통문으로 접근할 수 있다. 여기서 우측으로 진행하면 국사봉중학교에 다다르며 이 길로 잠깐 내려와 '양녕대군 이제 묘역(지덕사)'을 둘러보는 것도 괜찮겠다.

양녕대군은 조선의 제3대 임금 태종 이방원의 맏아들이었으나 석연치 않은 이유로 왕위에 오르지 못한다. 뒤를 이어 등극한 이가 3남인 세종대왕이다. 대저 권력에서 밀려나면 육신을 보존하기 쉽지 않음에도 양녕은 세종의 배려로 천수를 누렸다. 그러나 세조 때에는 조카인 안평대군을 죽이는 데 일조하기도 하였다. 대한민국 초대 대통령인 이승만이 양녕대군의 16대손이라는 사실은 역사의 아이러니다.

범과 사자가
서로를 견제하다

지덕사를 우측에 끼고 행복유치원에서 다시 국사봉을 향해 오르면 동네 주민들의 체력 단련 운동 기구가 주르륵 늘어선다. 정상부는 수목이 우거져서 시야를 가리지만 관악산이 병풍처럼 둘러서 있는 모습은 나름 볼 만하다. 계속해서 발품을 팔면 이번 산책길에서 가장 조망이 훌륭한 사자암에 다다른다. 암자 뒤편에 서면 상도동을 넘어 여의도 방면이 한눈에 들어온다.

국사봉 사자암
관악산 범 기운을 누르기 위해 세웠다.

사자암의 풍경
바람이 불 때마다 은은한 풍경 소리가 들린다.

1396년 무학대사가 창건한 사자암에는 이성계가 자주 찾아와서 국사를 의논하였다고 전해진다. 당시의 풍수지리설에 따르면 관악산의 호랑이 기운이 너무 드세서 이를 억누르기 위하여 사자암을 세웠다고 전해진다. 이와 더불어 지금의 시흥 방면으로는 호압虎壓사를 지어서 범과 사자가 서로를 견제하게 하였다는 기록이 있다.

호압사 바로 뒷산이 호암산 정상이고 여기에 올라 보면 산맥의 결을 확인할 수 있다. 쭉쭉 뻗어 나온 바위들이 경복궁을 향해 위세를 떨치고 있기에 마치 범이 아가리를 벌리고 포효하는 듯하다.

신대방동 주민의 쉼터
보라매공원

범종 소리를 뒤로하고 당곡중고 방면으로 내려와 한동안 걷다 보면 보라매공원이 나온다. 현충원에서 국사봉을 거쳐 동작구의 녹지축을 연결하는 공원으로서 1985년까지는 공군사관학교가 자리하고 있었다. 여기 벤치에 앉으니 익숙한 민요가 절로 생각난다.

"남한산성 올라가 이화문전 바라보니 수진이 날진이 해동청 보라매……."

모두 참매를 뜻하는 말이다. 사람 손에 길들여지면 수진이, 날진이는 송골매(참매)를 뜻하고 보라매는 아직 성체가 되지 않아서 체색이 보랏빛을 띠기에 붙여진 이름이다.

여름철 옥만호에는 연꽃이 뭉실뭉실 빈틈없이 피어나고 정자 옆 늘어진 나무 그늘에 앉아서 노니는 새들을 보고 있으면 마음이 상쾌해진다. 호수

보라매공원에서 분수를 보며 휴식을 취하는 시민들

중심에는 5월~9월까지 음악 분수가 시원한 물줄기를 하늘 높이 뿜어낸다. 밤에는 환상적인 조명이 더해지므로 색다른 야경 사진을 찍을 수 있다. 공원 바로 옆에 위치한 기상청에서는 초등학생을 대상으로 매달 '어린이 기상교실' 체험 학습을 진행한다.

꼭 용의 승천 같네……
성북동에 이런 야경이

한양 도성의 북쪽에 있다고 하여 이름 지어진 성북구 성북동은 고급 단독 주택과 각국 대사 관저가 몰려 있는 곳이다. 아직까지도 예스러움을 간직한 한옥이 드문드문 자리하고 있으며 여러 대학교가 밀집해 있기도 하다. 성북구에서 둘러볼 만한 문화재로는 총독부가 싫어서 일부러 북향으로 지은 만해 한용운의 심우장, 시인 백석과의 로맨스로 잘 알려진 김영한과 길상사, 석굴암을 재현한 보문사 등이 있다.

가장 이름난 유적은 태조 이성계의 계비(둘째 부인)인 신덕왕후 강씨가 잠들어 있는 정릉이다. 첫째 부인 신의왕후 한씨는 조선 건

청학사에서 바라본 내부순환로
북악터널과 정릉으로 이어지는 밤 풍경이 멋지다.

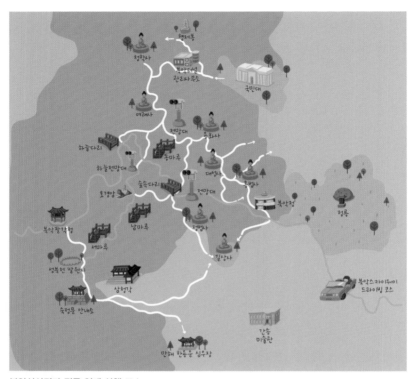

북악산사길과 정릉 일대 산책 코스

국 1년 전에 사망한다. 이후 초대 왕비에 오른 신덕왕후는 두 아들을 낳은 뒤 세상을 떠나고 신의왕후의 5남인 정안대군이 세자로 책봉된 이복동생 방석을 죽이고 왕위에 오른다. 그가 바로 조선의 3대 임금 태종 이방원이며 세종대왕의 아버지다. 태조 이성계마저 서거하자 태종은 신덕왕후의 지위를 후궁으로 강등시켰으며 현종 때에 이르러서야 복위가 이루어진다.

이번 산책기의 경로는 북악터널 앞에서 시작하여 김신조 루트의 일부 구간을 거쳐 길상사까지 걷는 코스다. 갈림길에 몇 군데 있어 정릉으로 빠지는 길을 걸어 볼 수도 있으니 위 지도를 보고 선택하면 된다.

밤 풍경이 인상적인
청학사

국민대학교 앞에서 출발하여 북악터널에 도달하면 오른쪽으로 소로가 나온다. 청학사는 대웅전을 포함해 부속 건물이 두 채밖에 없는 작은 절이지만 지대가 높아서 정릉 일대를 조망할 수 있다.

불과 몇 미터 높이를 두고 풍경이 달라지며 청학사에서 바라보는 밤 경치가 예술이다. 내부순환로를 달리는 자동차의 물결이 마치 한 마리 용이 꿈틀거리는 듯한 착각을 불러 일으킨다. 마침 진입로를 정비하고 있는 분과 말문을 터 보니 동국대학교에 출강을 나가는 청암 스님이라고 한다.

경치 좋은 요사채_{절에 있는 승려들이 거처하는 집} 앞 테이블에 앉아 콜라를 한 잔 얻어 마시면서 잠시 수다를 떨어 본다. 예전에는 이 일대에 많은 수의 암자와 굿당이 있었으나 군사 정부가 미신 타파라는 이유로 헐어 버렸다고 한다. 청학사도 그 피해를 입어 산신각이 사라졌으며 우여곡절 끝에 지자체의 지원으로 대웅전을 새롭게 꾸미고 있는 중이란다.

이준 열사를 비롯한
순국선열의 위패를 모신 여래사

청학사를 나와 북악터널 위를 건너자마자 여래사가 나온다. 후손이 없거나 유해를 찾지 못한 순국선열의 위패를 모시고 있는 사찰이다. 이준 열사 외에 300여 명의 넋을 기리고 있다. 대웅전과 극락전 사이에서 바라보는 성북동 일대의 풍경이 시원한 맛을 선사한다. 뒤편으로 살짝 돌아가면 전각을 아래로 두고 정릉 너머 망우산까지 조망이 가능하다. 청학사에서 바라보는 것과는 또 다른 풍광을 선사한다.

여래사 왼편 산길로 10여 분 정도 올라 철책 문을 열면 두 갈림길로 진행할 수 있다. 내리막길을 고르면 전망대를 지나 용화사, 대성사, 홍법사 등을 거쳐 북악정에서 길상사로 가는 길을 타게 된다. 중간에 숲속다리와 다모정 전망 지점에서 국민대 방향을 조망하는 것도 괜찮은 선택이다. 여기서 길(북악스카이웨이)을 건너 산길을 조금만 타면 정법사로 하산하여 길상사로 바로 내려갈 수 있다. 이 경로는 여러 작은 사찰이 옹기종기 모여 있어 산사길이라 한다.

반대로 철책 문에서 오르막길을 타면 하늘다리를 건너 호경암을 지나 삼청각으로 빠져나오게 된다. 북악스카이웨이를 가로지르는 하늘교를 건너 조금 걷다 보면 탁 트인 경치를 볼 수 있는 하늘전망대가 나온다. 오뉴월 물이 오른 나무들이 화사한 꽃을 피우면 주변이 온통 색동옷을 입혀 놓은 것처럼 변한다.

벤치에 앉아서 잠시 쉬었다가 길을 나서면 호경암이 지척이다. 이른바 김신조 루트라고 불리우는 곳이다. 1968년 청와대를 습격하기 위해 김신조 외 30명의 무장 공비가 남한으로 침투하였다. 경찰과 교전이 벌어져 28명이 사살되었고 김신조는 투항하여 이후 목사가 된다. 당시 기자 회견에서 그는 "박정희 모가지 따러 왔수다."라는 말을 해, 국민을 경악게 했다.

이에 대한 보복으로 정부는 북파 공작 부대를 비밀리에 만들고 김일성을 제거하려는 계획을 세우지만 남북 화해 무드가 조성되면서 실행에 옮기지는 않는다. 부대원들은 3년 넘는 군사 훈련을 받으면서 인권을 유린당했고 이에 자신들의 억울함을 알리고자 부대를 탈출하여 서울로 향한다. 이 실화를 조명한 영화가 바로 '실미도'다.

총탄에 파여진 호경암을 빙 둘러서 내려가면 남마루와 서마루에서 서울

여래사에서 바라본 도심 풍광
정릉 일대와 길음동을 조망할 수 있다.

호경암에서 바라본 서울 도심
경찰과 김신조 일당이 교전을
벌였던 장소.

길상사 경내
김영한(법명 길상화)이
법정 스님에게 기부하여
길상사가 되었다.

시내 풍경을 감상할 수 있다. 작은 덱 위에는 서너 사람이 앉을 수 있는 벤치가 놓여 있다. 호경암에서 성북천 발원지까지는 계단이 상당히 가파르기 때문에 반대 방향에서 올라오는 산책은 추천하지 않는다.

군사 독재 시절 요정 정치의 산실이었던 삼청각(현재는 문화 예술 복합 공간)에서 15분쯤 걸으면 길상사에 도착한다. 이 루트에는 10개국 대사관저가 위치하고 있어 대사관로라고 불린다.

길상사는 월북 시인 백석과의 로맨스로 유명한 김영한(법명 길상화) 소유의 요정으로서 과거에는 대원각이라고 불렸다. 백석과의 생이별, 후손이 없는 연유로 김영한이 부지를 법정 스님에게 기부하면서 사찰을 짓게 해 달라고 하여 지금의 길상사가 되었다.

김영한은 평생 동안 백석을 그리워했다. 자신의 전 재산을 기증하면서 "내 돈 1천억은 그 사람의 시 한 줄만 못하다."라고 한 말은 지금도 회자되고는 한다. 무더운 한여름이 지나면 붉디붉은 꽃무릇이 경내에 활짝 피어나서 두 연인의 안타까운 사연을 말해 주고 있다. 꽃무릇의 꽃말이 참사랑이다. 수선화과에 속하는 식물로서 상사화 집안에 속한다. 길상사 근처에 한국가구박물관, 우리옛돌박물관, 간송미술관, 심우장 등이 있으니 산책길에 둘러볼 만하다.

북한산이 한눈에……
은평구 최고 조망 덱은 여깁니다

               은평구와 경기도 고양시 사이에 남북으로 늘어진 산세를 따라 앵봉산, 봉산, 반홍산이 자리한다. 이 코스를 걸어 보려면 대여섯 시간이 소요되므로 하루 정도는 투자해야 한다. 반나절 산책에 만족하려면 앵봉산과 수국사 탐방이 첫 번째요, 봉산에서 반홍산으로 걷는 루트가 두 번째다.

    서오릉이 위치한 앵봉산 전망대는 아늑한 기분을 선사하며 해발 높이가 235m에 불과해서 가벼운 마음으로 산책을 떠날 수 있다. 이 루트에는 개금불사불상에 금칠을 다시 할 때 행하는 의식로 대웅전에 금칠한 수국사가 유명하며 천장을 가득 메운 각종 연등도 볼거리 중 하나다. 봉산 편백나무 치유의 숲에 세워진 전망대는 은평구의 으뜸가는 조망 명소이며 여기서 바라보는 북한산 풍광이 장쾌한 맛을 선사한다.

    산책의 시작은 지하철 3호선 구파발역에서 시작한다. 3번 출구로 나와 우측으로 직진하여 서울시소방학교 옆길로 들어서면 된다. 구파발역은 조

앵봉산 · 봉산 · 반홍산 산책 코스

선 시대 때 중요 정보를 전달하던 파발역참(擺撥驛站)이 있어서 붙여진 이름이
다. 임진왜란 이후 횃불에 의존하던 봉수대의 의미가 퇴색하면서 국경의
위급한 상황을 알리기 위해 말을 타고 중요한 문서를 전달했다.

이것이 파발 제도이며 약 10킬로미터마다 말을 교대하여 달렸다. 이후
숙박까지 할 수 있는 역원제로 발달하였고 현재까지 말죽거리(양재동), 역
촌동, 역삼동의 이름에 그 흔적이 남아 있다.

앵봉산 들머리에서는 서울시소방학교의 훈련 모습을 멀리서나마 살펴볼
수 있다. 15층 높이의 레펠 훈련과 무거운 소방 장비를 들고 전력 질주하는
소방대원이 눈에 들어온다. 조금 걷다 보면 포근한 느낌을 주는 전망대가
나온다. 수림이 우거져 북한산 방면은 시야를 가리지만 서오릉 너머 경기
도 일대는 한눈에 들어온다.

경치를 감상하고 다시 길을 나서면 봉산과 연결되는 생태 다리에 이른
다. 여기에서 우측으로 빠지면 서오릉이다. 다섯 개의 왕릉이 한 장소에 있
기에 서오릉(서오릉, 창릉, 익릉, 명릉, 홍릉)이라고 한다. '릉'이라 하면 왕과

앵봉산 초입의 전망대
서오릉 너머 경기 일대를 조망할 수 있다.

왕비가 묻혀 있는 무덤이고 세자, 세자비, 임금의 친부모를 매장한 곳은 원
園이라 하며 그 외에는 묘墓라고 칭한다.

　세조의 장자 의경세자(사후 덕종으로 추대)와 소혜왕후가 경릉敬陵에 잠들
어 있으며 창릉昌陵에서는 예종과 안순왕후를 모시고 있다. 숙종의 정비인
인경왕후가 익릉翼陵에, 계비인 인현왕후와 인원왕후는 명릉明陵에 합장했
다. 홍릉弘陵에는 정성왕후(영조의 원비)가 안장되어 있다.

직소 퍼즐 같은
수국사 대웅전 연등

　　　　　　　　덱에서 잠시 쉬었다가 서오릉 고개 녹지 연결
로를 건너면 봉산으로 들어선다. 이름에서 알 수 있듯이 봉화를 올리던 곳

으로서 안산의 봉수대로 급보를 전했다.

이정표가 이끄는 대로 조금만 내려가면 수국사가 나온다. 연원을 보니 의경세자의 극락왕생을 위해 경릉 동쪽에 정인사正因寺라는 이름으로 건립되었다고 한다. 연산군 시절에 화재로 소실되어 몇 번의 중수를 거쳤으며 고종 때 현재의 위치에 지어졌다. 대웅전 천장에는 크고 작은 연등이 직소 퍼즐과 같이 한가득 들어차 있어 문외한이 보기에도 아름답기 그지없다.

수국사를 나와 한동안 걸음을 옮기면 봉산 정상에 다다른다. 안내판을 보니 1919년 3·1 운동 때 마을 주민들이 모여서 횃불을 올리고 만세 시위를 벌였던 장소라고 한다. 안산을 향한 봉수대가 두 개의 봉홧불을 올릴 준비를 하고 있으며 그 옆으로 봉산정이 자리한다. 봉산에서 응암동 백련산에 걸쳐 커다란 무지개가 자주 나타난다고 하여 매년 1월 1일에는 해맞이 행사가 이루어진다. 봉산에서 바라보는 풍광도 상당히 볼 만하다. 남쪽으로 하늘공원과 가양대교가 보이고 그 옆으로 행주산성과 방화대교를 조망할 수 있다.

봉산 전망대
매년 해맞이 행사가 이루어지는 곳으로서
커다란 무지개가 자주 나타난다고 한다.

은평구
최고 조망 덱

봉산정을 뒤로하고 기분 좋은 서풍을 맞으며 봉산 편백나무 치유의 숲 전망대(포토아일랜드)로 가 보자. 시야를 가리는

봉산 편백나무 치유의 숲 전망대
은평구 너머 북한산까지 한눈에 굽어볼 수 있다.

사물이 없어서 북한산이 한눈에 들어온다. 이번 산책길에서 으뜸가는 전망 지점이다. 노을이 지면서 구름까지 두둥실 흐르면 달력 사진으로 어울릴 만한 풍경을 보여 준다. 최근에 만들어졌기에 인근 주민이 아니라면 찾는 사람이 적다.

가장 **빠르게** 접근하려면 6호선 새절역 3번 출구에서 마을버스(은평10)를 타고 숭실중고 종점에서 내려 8분 정도 오르면 도착한다. 새절新寺역은 강남 구 신사新沙역과 구별하기 위해서 순수한 우리말로 풀어낸 역 이름이다. 숭 실중고를 비롯하여 신사, 서신, 상신초교 일대의 지명이 신사동이다.

벤치에 앉아 잠시 숨을 고른 뒤에 팥배나무길을 지나쳐 조금 걷다 보면 송전탑 옆에 조그마한 전망대가 나온다. 여기서 보는 풍취도 그럭저럭 볼 만하다. 이 일대에는 마리골드가 심겨 있어 봄부터 가을까지 붉은 물결을 이룬다. 이정표를 따라 증산체육공원으로 내려오면 증산역이 가깝다.

봉화산에서 태강릉으로,
나라를 도탄에 빠뜨린 윤씨 패거리

중랑천이 흐르는 중화역과 먹골역 오른편에 자리한 봉화산은 조선 시대 함경도에서 오는 급보를 남산으로 전달했다.

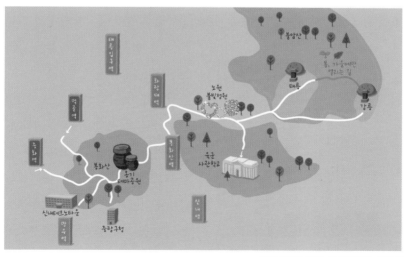

봉화산에서 태릉, 강릉까지의 산책길

해발 높이가 160m에 불과한 자그마한 야산이지만 시야를 가리는 수목이 없어서 제법 볼 만한 풍경이 펼쳐지는 곳이다. 북으로는 도봉산이 보이고 서편으로는 언제든지 붉은 노을이 지는 모습을 감상할 수 있으며 남쪽으로는 아차산 지세를 확인할 수 있다.

봉화산 일대는 중랑구의 사통팔달 지형으로서 8개의 지하철역이 지나고 규모는 작지만 네 곳의 공원이 자리하고 있다. 이번 산책 경로는 7호선 중화역에서 출발하여 봉화산을 거쳐 육군사관학교 앞 노원불빛정원을 둘러보고 태릉으로 들어가 강릉으로 나오는 코스다.

옹기 만드는 과정을 살펴보고
증기 기관차에 오른다

문화재청은 봄가을에만 조선 왕조 숲길 11개소를 일시적으로 개방한다. 이 시기를 맞추면 평소에는 막혀서 다닐 수 없었던 길을 호젓하게 거닐어 볼 수 있다. 불암산 자락에 위치한 태릉과 강릉은 서로 이웃하고 있어 같이 둘러보면 좋을 듯싶다.

산책의 시작은 7호선 중화역 1번 출구로 나와 중화고등학교에서 진입하거나, 신내테크노타운으로 들어서서 오르는 길이다. 들머리를 중랑구청에서 시작하면 봉수대공원의 인공 폭포 물줄기를 감상하며 기분 좋게 출발할 수 있다.

봉화산 전망대
중랑구 일대를 한눈에 굽어보는 조망 지점.

노원불빛정원 철길
육사 옆을 지나는 철도 길을 따라 경춘선 숲길이 이어진다.

　꼭대기까지는 금방 도착하므로 둘레길을 따라 봉화산을 한 바퀴 돌아보
는 것도 좋겠다. 유모차와 휠체어가 다닐 수 있도록 산책로를 내었으며 산
마루에 오르면 봉수대와 함께 조망대를 설치해 놓아 중랑구 일대를 한눈
에 굽어볼 수 있다. 전망대를 뒤로하고 반대 방향으로 내려오면 조망 지점
이 2군데 있으나 정상에서 바라보는 풍광에는 미치지 못한다. 적당한 그늘
과 벤치가 있으니 잠시 쉬었다가 길을 나서면 봉화산옹기테마공원으로 이
어지며 불가마를 이용해 항아리를 만드는 과정을 살펴볼 수 있다. 원래 이
곳은 70년대부터 산업용 폭약을 저장하던 화약고였으나 지금은 옹기테마
공원으로 탈바꿈했다. 길을 따라 신내공원으로 내려와 도로를 건너 공릉동
방향으로 진행하면 노원불빛정원이 나온다.

지금은 운행하지 않는 옛 화랑대역을 공원으로 꾸몄으며 증기 기관차를 비롯하여 20세기 초반의 철도 풍경을 체험할 수 있는 장소다. 서울시에서는 이 기찻길을 따라 약 6km의 구간을 단장하여 시민에게 돌려주었으니 월계역 앞에서 시작하여 갈매역까지 이어지는 철길이다. 노원불빛정원 뒤편이 육군사관학교다. 예약을 통해 누구나 관람할 수 있으니 넓은 부지를 한번 둘러보는 일도 괜찮을 듯하다.

왕을 쥐고 흔들었던
문정왕후와 윤씨 일가

육군사관학교 맞은편에 자리한 태릉이 중종의 제2 계비인 문정왕후文定王后 묘역이고, 그 위쪽으로 명종과 인순왕후仁順王后가 묻힌 강릉이 있다. 연산군의 이복동생으로 반정 세력에 의해 왕으로 추대된 중종은 힘이 없었다. 조강지처인 단경왕후端敬王后 신씨는 신수근의 딸이었으니 그가 바로 연산군의 핵심 측근이었다. 역적의 딸을 왕비로 둘 수 없다는 이유로 공신들은 신씨의 폐비를 종용했고 중종은 이를 수용할 수밖에 없었다.

두 번째 왕비인 장경왕후章敬王后 윤씨가 세자 이호인종를 낳고 세상을 떠나고 문정왕후에게서 경원대군 이환명종이 태어난다. 중신들은 세자를 지지하는 대윤大尹과 경원대군을 옹호하는 소윤小尹으로 갈리면서 권력을 둘러싼 암투가 벌어진다. 대윤의 수장은 세자의 외숙부인 윤임이었고 소윤의 좌장은 경원대군의 외삼촌이자 문정왕후의 막내 동생인 윤원형이었다.

중종의 뒤를 이어 즉위한 인종이 8개월 만에 세상을 떠나자 문정왕후가 명종을 대신하여 수렴청정에 들어간다. 권력을 잡은 문정왕후는 조선의 건국

이념인 성리학 대신에 불교 중흥에 힘을 쏟는다. 어느 날 윤원형은 봉은사를 찾았다가 보우대사의 주선으로 정난정을 만나 한눈에 반해 첩실로 들인다. 어쩌면 이 만남은 정난정 스스로가 꾸몄을지 모른다. 생모가 관비 출신이라 조선의 신분 질서 아래에서는 그녀 또한 천민에서 벗어날 수 없었기 때문이다.

태릉
중종의 왕비인 문정왕후의 릉.

기생이 된 정난정은 고관대작의 시중을 들면서 신분 상승의 기회를 엿보다가 윤원형의 첩이 되었다. 그녀는 아버지인 정윤겸과 공모하여 조선의 상권을 손아귀에 넣고 정치 자금을 축적하여 남편의 출세 가도를 돕는다. 권세를 잡은 윤원형과 정난정은 대윤을 따르는 정적들을 숙청한다. 이것이 역사에 기록된 을사사화이며 문정왕후는 친동생 윤원로까지 죽일 정도로 이들 내외를 아꼈다.

윤가와 기생이 결탁하여
나라를 어지럽히다

정난정을 통해 보우대사를 알게 된 문정왕후는 연산군 때 폐지된 승과를 부활시켜 이후 약 15년에 걸쳐서 4천여 명의 승려를 배출하게 만든다. 임진전쟁 당시 승군을 이끈 서산대사와 사명당도 이때 승적에 이름을 올린다. 영의정에 오른 윤원형은 후사가 없다는 이유로 조강지처 김씨를 내몰고 정난정을 정실부인으로 삼는다. 정1품이라는 최고 벼슬에 정경부인 자리까지 꿰어 찬 정난정은 내쫓은 김씨를 독살하는 용의주도함을 보인다.

어느 날, 서슬이 시퍼렸던 문정왕후가 갑자기 병사하자 명종은 승과 제도를 없애고 윤원형과 정난정을 황해도로 유배시킨다. 이후 죽음을 예감한 정난정은 스스로 목숨을 끊고 뒤를 이어 윤원형도 자살한다. 2년 뒤 명종마저 세상을 떠나고 선조가 즉위하여 임진왜란을 치르게 된다.

당시 조선 팔도는 거듭된 흉년과 왜구의 노략질, 탐관오리의 부패로 수많은 백성이 고통받고 있던 시기였다. 권신은 사림과 훈구로 나뉘고 다시 동인과 서인으로 갈라졌으며 민초의 삶은 피폐하기 이를 데 없었다. 먹을 것이 없어 유랑민이 들끓었으며 부패한 양반에 저항하여 임꺽정이 활약하던 시절이었다. 분열된 국론과 흉흉한 인심은 토요토미 히데요시의 조선 침략을 외면하게 만들었다.

구로구 수궁동을 휘휘 둘러……
계남공원 구경해 볼까

꽃샘추위가 물러가고 신록에 물이 오르는 봄철 이야말로 덥지도 춥지도 않기에 걷기 좋은 때다. 어느 곳이나 영산홍과 철쭉이 활짝 피어나 상춘객의 마음을 들뜨게 한다. 이번 산책길은 지하철 7호

궁동생태공원
농업 용지 확보를 위해 만들었으나 지금은 생태공원으로 변모함.

선 온수역에서 출발하여 수궁동 일대를 둘러보고 매봉산을 거쳐 계남공원으로 내려오는 코스다.

시골 분위기를 간직한
수궁동

산책의 출발은 온수역 6번 출구로 나와 와룡산온수골생태공원에서 시작한다. 지하철 1호선에서 내린다면 7번 출구로 나오면 된다. 횡단보도를 건너 주택가로 접어들면 곧바로 공원 입구다. 작은 냇가와 분수, 원두막 옆으로 피어난 수크령이 햇볕을 받아 밝게 빛나며 시선을 잡아끈다. 봄이면 청보리밭을 거니는 느낌을 주며 가을날이면 삘

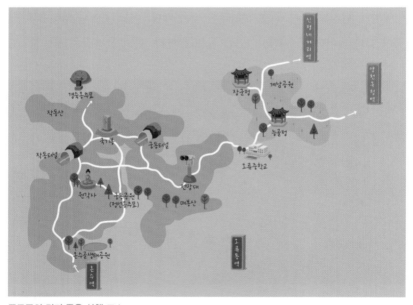

구로구의 걷기 좋은 산책 코스

74

원각사
사찰 앞 은행나무 길이 시골 분위기를 물씬 풍긴다.

기 속에 파묻힌 것 같은 기분을 선사한다. 계단을 따라 산책로에 오르면 온수힐스테이트 남문이 나오며 왼쪽으로 난 작은 길을 따르면 구로 올레길과 이어진다. 남문 바로 안쪽에 단풍나무가 풍성하므로 가을볕이 길게 늘어지는 때는 놓치지 말고 들여다보고 가자.

구로 올레길 방면으로 한동안 걷다 보면 오른쪽 샛길을 따라 원각사로 접근할 수 있다. 돌부처와 전각이 2채 있는 자그마한 사찰이지만 꽤 넓은 공터를 갖고 있으며 완만한 경사를 따라 수궁동 일대를 굽어볼 수 있다. 경내의 은행나무가 사찰 어귀 100여 미터까지 이어지므로 마치 전원일기 속으로 들어온 듯한 느낌을 받게 된다.

원각사에서 작동터널 방면으로 진행하여 지양산 국기봉에 이르면 신월동 방향으로 내려가 경숙옹주묘를 둘러볼 수도 있다. 이정표가 잘 갖춰져 있으니 길을 헤맬 염려도 없고 완만한 산세이므로 어느 방향으로 진행해도

무리가 없다. 참고로 경숙옹주는 성종과 숙의 김씨 사이에서 5녀로 태어나 민자방과 혼인하여 아들 민희열을 두었다고 전해진다.

현재 울산과학기술원 근처에는 경숙옹주 태실^{왕이나 왕실 자손의 태반과 탯줄을 모시는} 작은 돌방이 자리하고 있다. 불행한 근현대사를 겪으면서 태실이 도굴되었지만 태항아리와 태지석은 국립중앙박물관이 소장하고 있다.

국기봉을 내려와 궁동터널 쪽으로 되돌아와서 매봉산 방향으로 길을 나서 보자. 전망대 주변은 동네 주민의 쉼터 역할을 하기에 여러 운동 시설을 갖추고 있다. 정상 표석은 매봉산의 높이가 해발 110m임을 알리고 있다. 그렇게 높은 산은 아니지만 주변 경치가 비교적 볼 만하다. 여름이면 수풀이 우거져 시야를 조금 가리므로 봄, 가을이 경치를 조망하기에 상대적으로 좋다. 폐포 속에 가득 들어오는 흙 내음이 기분을 상쾌하게 만든다.

전원생활을 느낄 수 있는
수궁동 일대

와룡산과 매봉산 사이에 자리한 동네가 수궁동이며 온수동과 궁동을 합쳐서 부르는 명칭이다. 개발 이전에는 궁동저수지가 상당히 넓은 편이었고 평지를 따라 밭을 매던 장소라서 지금도 전원생활의 분위기가 물씬 배어난다. 예전에 이곳에 있던 우물에서 맑은 물이 샘 솟듯이 올라와 인근 밭작물을 키웠다고 전해진다.

일제 강점기 때 농업용수를 확보하려는 목적으로 주민들을 강제 동원하여 저수지를 만들었고 해방 뒤에 국유지가 된다. 이후 도시화가 급속히 진행되면서 난개발로 사라질 위기에 처했다가 가까스로 생태 공원으로 탈바꿈하여 지금에 이르고 있다.

정선옹주묘역
궁동저수지생태공원 바로 위에 자리한다.

궁동의 유래는 궁궐만큼이나 큰 기와집이 있었기에 붙여진 이름이다. 바로 조선 제14대 왕 선조와 정빈 민씨 사이에서 셋째 딸로 태어난 정선옹주가 안동 권씨 집안의 권대임과 혼인하여 이곳에 대궐을 짓고 살았다. 선조는 옹주를 위해 궁동 일대의 땅을 하사하였으나 옹주는 21세의 어린 나이로 요절하였고 현재는 부마 권대임의 묘와 함께 4기의 무덤이 자리하고 있다.

매봉산을 뒤로하고 오류중학교 뒤쪽으로 난 산길을 오르면 능골정을 거쳐 계남공원으로 이어진다. 지자체에서 철쭉 동산을 조성해 놓았기에 봄이면 울긋불긋 화려한 꽃길을 거닐 수 있다. 능골이라는 이름은 고려 때 '능 자리를 잡았던 곳'이라서 지어졌다고 하며 지금까지도 함양여씨묘역과 고척동 고인돌이 자취를 남기고 있다.

능골정 북쪽으로 난 생태 다리를 건너면 계남근린공원으로 갈 수 있다. 아파트 단지로 둘러쌓인 주거 지역에 숨통을 트이게 하는 녹지 공간의 역

능골정 철쭉 공원
계남공원 능골정에서
오류중학교 사이에 조성된 철쭉길.

할을 톡톡히 하고 있다. 2층 높이의 팔각정(장군정)이 있으나 숲이 우거져 탁 트인 경치를 볼 수는 없다. 그래도 시원한 바람이 불어와 송골송골 맺힌 이마의 땀방울을 씻어 주며 길손이 쉬어 갈 수 있게 해 준다.

가을이면 계남다목적체육관 위쪽에서 신정네거리역 방면으로 내려가는 길의 단풍이 볼 만하다. 높이가 겨우 85m 정도이며 산책로를 조성해 놓았기에 노약자들도 쉽게 접근할 수 있다. 서울의공원 안내에 따르면, 양천구 신정동과 구로구 고척동 일대의 옛 지명인 부평군 계남면을 따서 계남공원으로 명명되었다고 한다.

계남공원의 가을
단풍 구경 나온 시민이 평상에 앉아 만추를 즐기고 있다.

시골 간이역 정취 물씬……
구로구 으뜸 산책길

     개봉동에 자리한 해발 약 130m인 개웅산에 오르면 구로구와 광명시 일대를 한눈에 굽어볼 수 있다. 산세가 완만하여 노약자도 부담 없이 걸을 수 있으며 정상부 개웅정에 이르면 동쪽으로 안양천을 넘어 관악산이 손에 잡힐 듯 다가온다. 미세 먼지 없는 볕 좋은 날이면 탁 트인 시야가 펼쳐지므로 구로구에서 으뜸가는 조망 명소다.

    이번 산책 코스는 가볍게 개웅산에 올라 구로구 전역을 둘러보고 천왕산을 거쳐 항동철길로 내려와 푸른수목원에서 마무리하는 길이다. 4계절 어느 때에 들러도 좋은 곳이며 지도를 그려 본다면 다음 그림과 같다.

개웅산 개웅정
개웅정에서 바라본 구로구 일대 풍경.

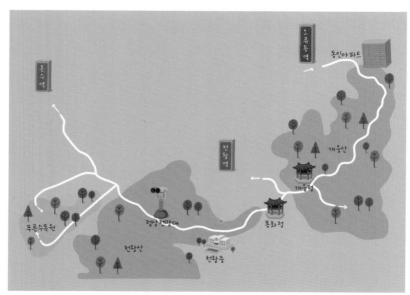

개웅산과 천왕산 산책 루트

개웅정에서 바라보는
풍취가 시원하다

       산책의 출발은 오류동역 1번 출구로 나와 동
인아파트 옆길에서 시작한다. 차 한잔 마실 정도의 시간이 흐르면 어느새
개웅정에 다다른다. 가장 **빠르게** 정상에 접근하려면 지하철 7호선 천왕역
4번 출구로 나와 연지타운 아파트 단지로 들어서면 된다. 30여 분도 안 되
어 정상에 다다르므로 개웅산을 따라 한 바퀴 돌아보는 길을 추천한다.

  안양천이 관통하는 구로구는 60년대부터 구로 공단으로 더 잘 알려졌던
곳이다. 지금은 패션 산업과 IT 관련 직종이 활기를 띠는 지역이지만 경제
발전이 한창일 때는 노동 운동이 들불처럼 일어나던 장소였다. 당시 구로

구에는 10여 만 명이 넘는 사람이 벌집이라 불리던 한 평 남짓한 방에서 생활하며 한강의 기적을 이루어 내고 있었다.

80년대까지 이어지는 압축 성장은 사람을 갈아 넣지 않고서는 어려운 일이었다. 농촌 출신의 앳된 소년 소녀들이 12시간 넘는 노동에 시달리며 각종 산업 재해와 질병을 앓았다. 85년에는 열악한 노동 환경 개선과 인간적인 대우를 요구하며 구로동맹파업이 일어나 당시 사회에 큰 충격을 주었다.

구로공단의 기원은 우리나라 최초의 국가 산업 단지로 조성된 한국수출산업공업단지다. 1963년부터 10여 년간 모두 6개의 단지로 만들어졌으며 1~3단지가 구로공단이라는 별칭으로 불리운다. 4단지는 인천에 조성된 부평공업단지이고 주안산업단지가 속한 곳이 5, 6단지다.

90년대에는 민주화와 함께 노동 해방이 이루어지면서 급격한 변화를 맞이한다. 산업 구조의 격변으로 노동 집약적 공장들이 개발도상국으로 떠나

개웅산 정상
개웅정 앞에 마련된 그네와 벤치에 동네 주민이 앉아 여유로움을 만끽하고 있다.

면서 현재는 서울디지털산업단지라는 이름을 얻었다. 구로공업단지의 중심지였던 가리봉동은 지금의 가산디지털단지역 일대다. 1995년 구로구와 금천구가 분리되면서 1단지는 구로디지털단지역으로 바뀌었으며 2, 3단지는 금천구에 속하게 된다.

개웅정을 내려와 오류동 방향으로 걸음을 옮기면 봉화정을 타고 천왕산으로 길이 이어진다. 지명에서 조선 시대에 봉화를 올리던 곳임을 알 수 있다. 생태 다리로 꾸며져 있어 6차선 도로의 간섭 없이 가뿐히 넘어갈 수 있다. 이정표를 따라 정상에 오르면 온수 방면을 조망할 수 있는 전망대에 이른다. 개웅산에서 바라보는 풍광에 비해서는 시야가 좁은 편이지만 기분전환하기에는 괜찮은 곳이다.

수생 식물이 한가득 피어나는
푸른수목원

푸른수목원 방면으로 내려와 생태 다리를 건너면 항동철길의 중간 지점으로 내려온다. 오류동에서 항동까지 이어지는 약 2km의 구간으로서 주택가 바로 옆으로 난 철길을 따라 지금도 화물차가 간간히 다니고 있다. 경제 개발이 본격적으로 시작되기 전인 1959년에 개설되어 산업 물자를 나르기 시작하여 현재는 군수품을 운반하고 있다. 서울 도심에서 시골 간이역 정취를 물씬 느낄 수 있는 의외의 장소다.

철길을 따라 조금만 걷다 보면 푸른수목원으로 들어갈 수 있다. 안쪽에 있는 항동저수지에는 초여름에서 가을까지 연꽃을 비롯한 각종 수생 식물이 한가득 피어나며 2,500종에 달하는 식물이 자라고 있다. 갈대숲, 암석원, 수국원, 어린이 정원 등의 20여 가지 테마로 꾸며져 있어 둘러보는 재

푸른수목원
각종 수초와 연잎이 무성하게 피어나 한여름에 절정을 맞이한다.

미를 더하고 있다. 장미원의 한 켠에는 서양식 정자인 가제보^{Gazebo}가 있어 색다른 기분을 느끼게 해 준다.

항동철길에서 푸른수목원까지는 그늘이 없으므로 한여름 뙤약볕 아래서는 추천하지 않지만, 아파트 숲 사이로 자연을 느낄 수 있어 무더운 여름밤에는 찾아볼 만하다.

창신동과 숭인동에서
이만한 풍경 더 없습니다

　　　　　　　　동대문 바로 위쪽의 창신동과 숭인동은 아직
까지 재개발을 거부하고 옛 전통을 간직하고 있는 곳이다. 창신동은 1960
년대 이후 동대문 시장의 최일선 생산 기지로 시작하여 지금도 우리나라
봉제 역사를 살펴볼 수 있는 장소다. 곳곳에 자리한 오래된 점포에서 소상
공인이 삶을 이어 가고 있다.

　숭인동에는 정순왕후가 단종의 명복을 빌었던 동망봉이 있으며 홀로 된
왕실과 양반가의 여인들이 말년을 보내던 삼각산청룡사가 자리하고 있다.
이 일대는 일제 강점기 시절의 채석장이 여전히 아픈 상처를 드리우고 있
는 곳이다. 총독부 건물을 세우기 위한 돌을 캐면서 멀쩡한 산자락을 절개
하였기에 멀리서도 흉물스러운 외관이 보인다.

　이번 산책 코스는 동대문역에서 출발하여 안양암을 거쳐 돌산마을에 올
라 동대문과 종로구 일대를 굽어본 뒤에, 창신역으로 내려와 청룡사를 구
경하고 숭의공원을 휘휘 둘러 동묘에서 마무리하는 길이다. 옛 풍취가 드

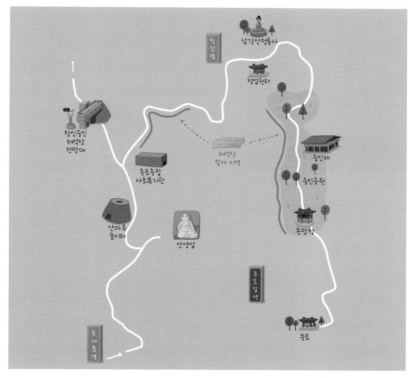

문드문 남아 있으니 푸근한 인정을 느낄 수 있었던 80년 대의 거리 분위기가 옛 추억을 떠오르게 한다.

창신동 봉제거리에 남은
일제의 흔적들

지하철 1호선 동대문역 3번 출구로 나와 왼쪽 골목길로 들어서면 산책의 시작이다. 단추를 비롯하여 옷을 지을 때 필요

창신동 일대
동대문 시장에 의류 관련
각종 액세서리를 공급한다.

한 각종 액세서리 상점이 즐비하여 기웃기웃 구경하는 재미가 쏠쏠하다. 이 봉제거리를 따라 오래된 점포와 소상공인을 위한 음식점이 늘어서 있고 오토바이 배달꾼이 수시로 오가며 활기를 불어넣는다.

세탁소의 뜨거운 김이 운무처럼 피어나는 창신골목시장을 뒤로하고 언덕길을 조금만 오르면 안양암에 다다른다. 친일인명사전에 수록된 불교계의 대표 친일파 이태준이 주지를 지내며 창씨개명 접수 장소로 이용했던 절이다. 암자 뒤편으로 돌아가면 채석장의 흔적이 땅굴로 남아 있다. 부조로 새긴 부처상 위쪽으로 허리를 숙여야 들어갈 수 있는 굴이 나온다.

입구 좌측에 세워진 기념비에는 일제의 스파이로 활동한 배정자裵貞子, 다야마 사다코의 이름을 볼 수 있다. 민씨 일가에 반대하던 아버지가 흥선대원군의 몰락과 함께 처형되고 어머니는 충격으로 장님이 되었으며 연좌제에 따라 그녀는 노비의 삶을 산다. 이후 기생과 여승으로 정체를 숨기고 살다가 일본으로 건너가 김옥균 등에게 의탁하였다고 전해진다.

이때 이토 히로부미를 만나 밀정으로 키워진다. 신분을 바꾼 뒤에는 일본어 통역사란 명목으로 귀국하여 고종의 신임을 얻으며 기밀 정보를 일본에 넘겼다. 배정자는 노천명과 함께 민족 탄압에 앞장선 대표 친일파로서 여러 독립투사를 밀고하는 악행을 저지른다.

안양암을 벗어나 골목길을 오르면 창신숭인채석장 전망대(카페 낙타)에 이른다. 컨테이너 모양의 실내에서 간단한 음료를 팔고 있으며 옆으로 난

숭인공원 절개지
창신숭인채석장 전망대에서 바라본 숭인동 모습.

계단을 올라 지붕에 오르면 동대문 일대가 한눈에 들어온다. 이번 산책길
에서 가장 풍광이 좋은 곳이다. 동쪽을 바라보면 돌을 캤던 숭인공원의 절
벽이 일제강점기의 아픈 기억을 새삼스레 떠올리게 만든다.

정순왕후가
단종의 명복을 빌던 동망봉

　　　　　　　전망대를 뒤로하고 종로종합사회복지관 옆길
을 따라 내려오면 왼편으로 흉물스러운 채석장 절개지가 숭인공원까지 이
어진다. 창신역 3번 출구 오른쪽에 삼각산청룡사가 위치한다. 도선국사의

삼각산청룡사
왕족과 양반가의 출가한 여인들이 수행했던 사찰.

유언에 따라 고려 태조 왕건이 창건한 사찰이다. 초대 주지 혜원慧圓 이래로
비구니만의 사찰로 지금껏 자리를 지키고 있다.

세조에 의해 왕실에서 쫓겨난 단종 왕비 정순왕후定順王后가 현재의 청룡
사 옆 작은 초가집(정업원 터)에서 시녀와 함께 지냈다고 역사는 전하고 있
다. 이때의 나이가 18세이므로 82세로 죽기까지 60여 년 넘는 세월을 인근
동망봉에 올라 단종의 명복을 빌었다고 한다.

원래 정업원은 고려 시대부터 왕실이 관리하던 작은 절로 추정하고 있으
며 왕족과 권문세가 출신의 비구니들이 거처했다. 숭유억불 정책에 따라
조선 초기부터 정업원을 없애야 한다는 논의가 계속되었지만 세조가 왕권
을 잡으면서는 한동안 수그러든다. 과부와 장애인을 머물게 하였기 때문이
다. 그러나 유학자들의 반발이 점점 거세어지면서 연산군 때에 철폐된다.

동묘
촉나라 장수 관우를 모신 사당으로 보물 제142호다.

뒷날 영조가 정순왕후를 기리기 위해 정업원 터라고 여겨지던 곳에 '정
업원구기淨業院舊基'라고 쓴 친필 사액賜額, 임금이 사당과 서원 등의 이름을 짓고 액자를 하사함을
내리고 비석을 세워 오늘에 이른다. 완역된 조선왕조실록을 살펴보면 실제
정업원은 궁궐 내부에 있음이 확인된다. 후궁, 은퇴한 상궁, 양반가의 홀로
된 여인들이 이곳에서 말년을 보냈다고 적혀 있다.

청룡사를 나와 숭인근린공원으로 가면 정순왕후를 추모하기 위해 지자
체에서 세운 숭인재가 있다. 매년 길일을 택해 동네 주민과 함께 동망봉제
례 봉행이 이루어지므로 때를 맞춰 찾아보는 것도 괜찮을 듯싶다. 숭인공
원의 끝자락에는 동망정이 서 있다. 아파트 단지로 둘러쌓여 있어 살짝 풍
광을 가리기는 하지만 나름대로 괜찮은 조망 장소다.

주택가로 내려와 신설동으로 걸음을 옮기면 동묘東廟에 다다른다. 이곳은

1장·사계절 편

89

촉나라 장수 관우를 받드는 사당이다. 임진전쟁 당시 조선 땅에서 싸운 명나라 장수들이 신으로 여기는 관우의 묘를 세우고자 하였다. 명의 신종이 친필 현판과 함께 일부 자금을 지원하였고 선조 때 완공되었다.

동묘 앞 거리는 주말마다 벼룩시장이 열리므로 구제 옷을 비롯한 손때 묻은 중고 물품을 저렴한 가격으로 구입할 수 있다. 인파를 헤치고 동묘 안으로 들어서면 갑작스레 세상이 조용해진다. 나지막한 담벼락을 사이에 두고 안팎이 전혀 다른 세계로 바뀌니 별천지에 들어선 듯한 기분이다.

동관묘로 들어서면 금칠한 관우가 좌정하고 있으니 무협 영화에서나 보는 듯한 광경을 보여 준다. 제단을 쌓아 올린 방식, 기둥을 세운 스타일, 디딤돌과 벽돌을 구워 낸 형태가 우리 문화재와는 분명히 다른 결을 느끼게 해 준다.

서울에서 돌다리 건너기,
양재천으로 오세요

강남구 중앙에 위치한 도곡동은 오른편으로 대치동과 마주하고 왼편으로는 서초구와 맞닿아 있으며 위로는 역삼동이요 아래쪽으로는 개포동이 자리한다. 동네의 한가운데에 있는 도곡근린공원(매봉산)을 사이에 두고 서쪽은 고급 단독 주택이 주를 이루며 동쪽으로는 아파트 단지가 늘어서 있다.

면적은 겨우 1.02㎢에 불과하지만 7개의 초·중·고등학교가 밀집해 있으며 우리나라에서 땅값이 가장 비싼 곳 중 하나다. 남으로 양재천이 흐르고 있어서 작은 규모의 배산임수 지역이라 할 수 있다. 사계절 어느 때 찾아도 좋지만 가을날

도곡근린공원의 돌탑
노을빛이 돌탑을 물들여
제법 운치 있는 풍경을 보여 준다.

석양빛을 눈부시게 투영하는 억새가 절정일 때 가장 운치 있다.

이번 산책길은 두 군데로 나눠지므로 아래 지도를 보고 취사선택하면 된다. 첫 번째는 도곡근린공원을 기점으로 하여 양재천을 지나 달터근린공원으로 한바퀴 돌아오는 경로이며 두 번째는 말죽거리공원으로 올라 매헌시민의숲으로 내려오는 코스다. 나지막한 동네 야산이므로 부담 없이 걸어볼 수 있어서 좋고 두 군데 모두 돌아보는 것도 괜찮다.

산책의 출발은 지하철 3호선 도곡역 1번 출입구다. 도곡렉슬유치원 바로 못 미쳐 아파트 단지로 들어가는 문이 나온다. 길을 따라 조금만 걸으면 매봉근린공원으로 올라가는 산책로에 이른다. 지도에는 나타나지 않으므로

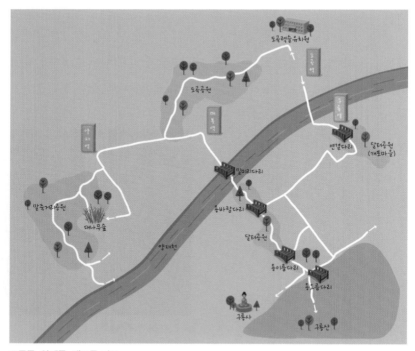

도곡동, 양재동, 개포동 지도

양재천 징검다리
양재천을 가로지르는 밀미리 다리에서 바라본 풍경.

동네 주민만 알고 있는 비밀스러운 길이다.

　자그마한 정자를 지나 계단을 오르면 아이들 놀이터를 거쳐 정상으로 향한다. 산마루에는 각종 운동 기구를 갖춘 헬스장이 있어서 동민들이 소일거리 삼아 찾는다. 해발 95미터의 나지막한 높이라 장쾌한 풍경을 볼 수는 없지만 황금빛 노을이 정상에 서 있는 돌탑을 물들이면 제법 운치 있는 기분을 느낄 수 있다.

3용 연결로를 타고
달터공원, 구룡산으로

　　　　　　산책길을 따라 사뿐사뿐 걷다 보면 어느새 양재 전화국 교차로가 나오고 좌회전하여 매봉역 조금 못 미쳐 다시 오른쪽 길로 들어서면 대치중학교로 이어진다. 양재천을 가로지르는 밀미리다리를 건너면 달터공원이 시작된다. 이곳은 평지에 솟아 있는 아기자기한 야

달터공원
달터공원 판자촌으로 들어가는 입구

산이 생태연결로로 꾸며져 있다.

용바람다리에서 바라보는 개포지구대 풍경은 마치 '기차가 서지 않는 간이역'을 보는 듯하다. 언주로를 건너서 뒤돌아보는 용이룸다리에는 억새가 바람에 한들거리며 지난 가을의 흔적을 남기고 있다. 용오름다리를 가로지르면 구룡산까지 한달음에 갈 수 있다.

어느 다리에서 내려와도 길은 계속된다. 개포동을 따라 동진하면 구룡역의 달터근린공원에 접근할 수 있다. 수도 서울 강남의 한복판, 아직까지도 판잣집이 드문드문 남아 있는 곳이다. 개포고등학교나 개포도서관 옆으로 난 소로를 따라 공원을 가로지르면 구룡역이고 다시 양재천을 건너면 산책의 출발지인 도곡역이 나온다.

또 다른 산책 경로는 도곡공원을 내려와 서초구청 방향으로 진행하여 말죽거리공원에 오르는 코스다. 신분당선 양재역 9번과 10번 출입구 사잇길로 들어서면 되며 네거리 한편에 말죽거리의 유래를 설명하는 커다란 표석이 세워져 있다.

우리에게는 영화 '말죽거리 잔혹사'를 통해 널리 알려지는 계기가 되었으며 두어 가지 명칭에 대한 기원이 있다. 우선 '이괄의 난'을 피해 인조가 공주로 피난을 갈 때 '말 위에서 죽을 마셨다'고 하여 말죽거리가 되었다는 설이 있다. 제주도에서 온 말을 양재에서 손질하고 말죽을 쑤어 먹였으며 남쪽으로 오가는 사람들이 이곳에서 여장을 풀었기에 유래했다는 이야기도 전해진다. 또한 병자호란 때 청나라 군사들이 남한산성으로 피신한 인조를

말죽거리공원
대나무 숲을 조성하여 한겨울에도 푸르름을 볼 수 있다.

공격하면서 병참기지로 사용하였기에 붙여진 이름이라고도 한다. 어떤 지명이 정확한지는 알 수 없으나 교통의 요지이면서 말과 관련된 거리임은 분명해 보인다.

모리배들의 이전투구로
나라를 팔아먹다

　　　　　　　　　인조반정 뒤 정묘호란이 발발하지만 광해군의 밀명을 받았던 강홍립이 수완을 발휘하여 조선과 후금(청나라)은 '형제의 나라'로 화의를 맺는다. 반정을 획책한 53명의 서인 중에 이괄李适은 논공행상에 유독 불만이 많았다. 이를 빌미로 여러 모리배들이 이괄에게 반란 혐의를 씌워 제거하려고 한다.
　당시 만주에서는 후금이 급격하게 세를 불리는 때였기에 인조는 북방 경비를 강화하기 위하여 이괄을 부원수 겸 평안 병마절도사로 임명하여 국경을 수비하는 중책을 맡겼다. 그러나 조정에서는 문회, 이우, 정방열, 이귀, 허통, 최명길 등이 합세하여 이괄이 반란을 도모하고 있다고 뒤집어씌운다.

인조는 그의 충성을 의심하지 않았지만 서인의 등쌀에 못 이겨 이괄의 아들 이전을 잡아들여 취조하기로 결정한다. 이 사실을 전해 들은 이괄은 아들이 잡혀가면 역모로 몰려 죽을 수 밖에 없음을 알고 군사를 일으킨다. 거병한지 19일 만에 한양 도성을 장악하니 인조는 공주산성으로 피신하고 뒤늦게 장만, 정충신, 남이홍이 관군을 이끌고 반란군을 제압한다.

교전에서 패배하자 수하인 이수백과 기익헌 등이 이괄을 비롯한 반란 주동자 9명의 목을 베어 들고 정부군에 투항한다. 이괄의 난은 삼일천하로 끝났지만 12년 뒤 병자호란의 원인이 된다. 반란군의 한 명이었던 한명련의 아들 한윤이 후금으로 달아나 조선 침략의 선봉에 섰기 때문이다.

도봉천 계곡 따라
원 없이 암자 구경합니다

도봉산 주봉으로 오르는 도봉계곡에는 크고 작은 9개의 암자가 행렬을 이루고 있다. 시원하고 맑은 물이 굽이쳐 흐르다가 작은 소를 이루고 다시 청아한 물소리를 내며 암반 속으로 파고 들었다가 바위 틈으로 용솟음치며 계류를 만든다. 점점 불어나는 물은 주택가를 지나 중랑천으로 합류하고 이는 다시 한강 물줄기를 이룬다.

이번 산책 코스는 도봉계곡을 따라 자리한 9개의 가람을 둘러보고 회귀하는 경로다. 지하철 1호선 도봉산역에서 출발하여 광륜사를 거쳐 천축사에 들렀다가 천진사로 내려와 도봉사를 구경하는 노선이다. 이 산책길에서 가장 빼어난 경치를 보여 주는 곳은 천축사와 마당바위이며 도봉사에서는 연리지를 살피면서 병풍처럼 서 있는 산봉우리를 감상할 수 있어 근사하다.

산책의 시작은 도봉산역 1번 출구로 나와 횡단보도를 건너 길을 따라 진행한다. 음식점과 등산용품을 파는 길을 따라 오르면 계곡을 가로지르는 통일교 우측으로 광륜사에 다다른다. 사찰 앞에 서울시 보호수 10-5호로

광륜사
사찰 앞에는 수령이 약 250년 된 느티나무가 있다.

지정된 느티나무가 산책객을 반기고 있다. 수령이 250년 정도에 이르는 노거수로서 높이는 20m, 둘레는 약 4m에 달한다.

옛 이름은 만장사이며 임진왜란 때 소실된 절터에 신정왕후 조씨가 아비인 조만영을 생각하며 지었다고 전한다. 조 대비라고도 불리웠던 신정왕후는 순조의 장남인 효명세자와 혼인하여 헌종憲宗을 낳는다. 안동 김씨를 견제하고자 했던 순조는 처가인 풍양 조씨 일파를 대거 기용하며 효명세자에게 대리청정을 맡긴다.

19세의 젊은 나이에 국정을 맡아 개혁 정치를 추진하던 효명세자가 돌연 별세하고 순조마저 3년 뒤 서거하자 헌종이 왕위에 오른다. 세도 정치를 타파하고 왕권을 강화하고자 했던 헌종도 후사 없이 21세의 젊은 나이로 갑작스레 승하한다. 뒤를 이은 철종마저 혈육을 남기지 못하고 운명하자 신정왕후가 흥선군 이하응의 차남을 양자로 들이니 그가 바로 고종이다.

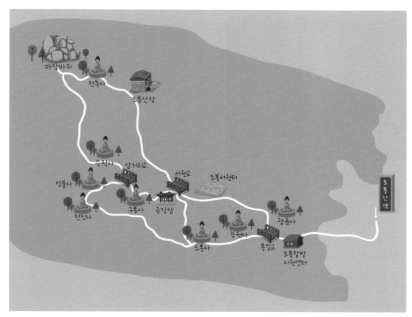

도봉천 계곡 따라 진행하는 산책길

반백 년 나이의
도봉산장

　　　　　　광륜사를 나와 도봉서원 방향으로 길을 나서
보자. 서원교 앞 이정표에서 천축사 방향으로 30분 정도 오르면 도봉산장
(도봉대피소)이 나온다. 자그마한 돌집에 흥미가 생겨 인터넷을 찾아 보니
MBN 〈특종세상〉에 소개된 산장이다. 1970년대 정부에서 전국에 만든 35
개 산장 중 하나이며 이제는 수도권에서 민간인이 거주하며 등산객을 맞이
하는 유일한 장소라고 한다.
　당시에는 관리하는 사람이 없었기에 폐가 수준이었으나 고故 유용서 씨

산장지기 조순옥 할머니
50년 넘게 도봉산장을 지키고 있다.

가 관리자를 자처하며 이곳에 터를 잡았다. 산중 생활을 반대하던 아내 조순옥 씨가 어렵게 합류하면서 조난당한 등산객과 부상당한 이들을 구해 냈다. 유용서씨가 1993년에 별세한 뒤에는 조순옥 할머니가 지금껏 산장지기를 하고 있다. 켜켜이 쌓인 세월 속에 풍로를 닮은 오래된 커피 그라인더가 그윽한 향기를 갈아 낸다.

샹그릴라 들머리 같은
천축사 입구

도봉산장에서 조금 더 발품을 팔면 천축사가 나온다. 계곡 옆으로 난 소로를 따라 올라 모퉁이를 돌면 족히 100여 기나 되는 허리 높이의 청동 불상이 속세를 굽어보고 있다. 다시 한 구비 돌아오르면 S자 곡선을 그리며 천축사로 들어가는 입구가 시야에 들어오며 그 뒤로 선인봉이 우뚝 솟아 있다. 1937년 개봉한 영화 '잃어버린 지평선'을 떠올리게 하는 풍경이다.

원작은 제임스 힐턴의 동명 소설이며 시대 배경은 제국주의가 전 세계를 집어삼키던 때다. 주인공은 인도에서 일어난 폭동으로부터 자국민을 비행기로 피난시키던 도중 티베트 산중에 불시착한다. 절체절명의 순간 일군의 무리에게 구조되어 티베트의 이상향 샹그릴라로 들어가며……

1398년 조선 태조 이성계는 왕위를 차남인 정종에게 물려주고 함흥으로 떠난다. 왕자의 난을 일으킨 뒷날의 태종 이방원이 동생을 살해하자 도저히 용납할 수 없었기 때문이다. 함흥에서 다시 한양으로 돌아오는 중에 천축사에서 100일 기도를 하고 절을 중수케 하였으며 이후로도 몇 차례 불사를 통해 지금에 이르고 있다고 한다.

경내 위쪽으로 돌아가 산신각에 오르면 붉은 연등 사이로 도봉구와 노원구 일대를 굽어볼 수 있다. 대웅전 뒤편 옥천석굴은 천축사의 옛 이름인 옥천암의 유래가 된 샘이다. 이성계가 이곳에서 기도를 하였다고 전해지며 석

천축사
선인봉 바로 아래에 자리한 천축사.

조약사여래좌상이 봉안되어 있다. 경내에서 오른쪽 소로를 타고 가면 무문관이 나오며 현재는 템플 스테이_{사찰에 머물면서 불교문화와 사찰 생활을 체험하는 일} 체험을 하는 곳으로 운용되고 있다.

천축사 바로 위쪽에 마당바위가 있으니 이번 산책길에서 가장 풍광이 좋은 지점이다. 도봉탐방지원센터에서 이곳까지는 대략 2시간 정도가 소요되며 경관이 근사하여 매년 해맞이 행사가 열린다.

서로의 결을 부둥켜안은
연리지

마당바위에서 내려와 이정표를 따라 오른쪽 방향으로 진행하면 승락사(성도원)에 다다른다. 연혁을 보니 신정왕후를 모셨던 김 상궁과 당시 천축사 주지였던 김능성이 고종 황제의 재가를 받아 조 대비의 위패를 모시고자 창건하였다. 1920년에는 재단법인을 설립하고 양로원으로 운영하였으며 한국 전쟁 이후에는 갈 곳 없는 노인들을 받아들였다고 전한다. 현재는 기도 도량으로서의 역할만 하고 있다.

다시 길을 나서 삼거리교를 건너면 작은 암자인 성불사를 거쳐 천진사를 둘러볼 수 있으며 직진하면 구봉사를 지나 금강암으로 내려갈 수 있다.

성불사는 1968년 현대건설 일가의 도움을 받아 극락전을 세웠다고 하며 천진사는 단군을 모시는 작은 사찰로서 몇 차례의 중창을 거쳐 소박한 대웅전, 산신각, 요사채 등이 자리하고 있다. 가장 위쪽인 천불전에 올라 가람을 굽어보면 우측으로 상당히 큰 단군상이 한눈에 들어온다.

구봉사에는 멀리서도 눈에 뜨이는 커다란 금불상이 서 있으며 금강암은 비구니 사찰로서 아담하면서도 정갈한 느낌을 선사한다. 완만한 경사를 따

도봉사 연리지
두 그루의 나무가 부둥켜안고 커간다.

라 계속 걸음을 내딛다가 서원교 앞에서 우측으로 빠지면 도봉사가 나온다. 대웅전 앞에 있는 뿌리탑은 부처의 진신사리 3과를 머금고 있으며 그 옆으로 단풍나무 연리지가 서로의 결을 부둥켜안고 해바라기를 하고 있다. 자세히 살펴보니 인공적인 손길이 가미된 것으로 보인다.

이어지는 능원사의 전각은 화려한 단청 기반에 금칠로 꾸며져 있어 멀리서 보더라도 시선을 잡아끄는 가람이다. 위화감이 들 정도로 먼지 한 톨 없이 말끔하게 깔린 바닥 돌을 따라 들어서면 다른 사찰과는 달리 대웅전 대신 용화전 현판이 걸린 법당을 마주할 수 있다.

서울에도 이런 곳이?
바위 낙서 구경 길

　　　　　　　도봉산은 서울의 최북단에 위치하여 왼편으로 북한산과 연결되고 우측으로는 수락산과 마주하며 위쪽으로 경기도 의정부, 양주시에 걸쳐 있다. 북한산과 함께 경기도민과 서울시민이 가장 많이 찾고 있으며 노출된 암반과 기암괴석으로 이루어진 봉우리가 많아 암벽 등산을 즐기는 이들에게는 필수 코스이기도 하다. 반면 일부 구간은 길이 무척 험해서 매년 사고가 끊이지 않으므로 무리한 등산은 피해야 한다.

　무수천 계곡을 따라 수려한 경관을 살펴볼 수 있는 여러 사찰이 자리하므로 어느 방면으로 올라도 훌륭한 산책길이 된다.

　이번에 소개하는 여정은 비교적 찾는 사람이 적은 코스이며 경사가 완만하여 누구나 둘러볼 수 있고 풍경도 멋진 곳이다. 도봉역에서 출발하여 무수천을 타고 난향별원의 녹음 길을 거쳐 자현암을 구경한 뒤에 원통사에 올라 우이동 유원지로 내려오는 길이다.

　난향별원에서 자현암까지의 숲길은 언제 걸어도 근사하다. 이번 산책에

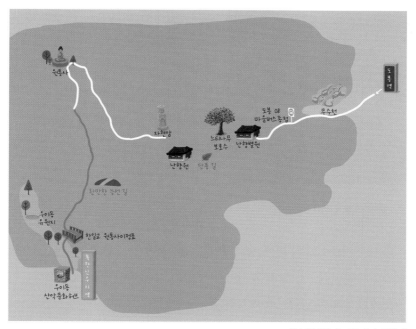

서 반드시 둘러봐야 할 곳은 원통사이며 이곳에서 바라보는 서울 시내 풍광은 도봉산에서도 세 손가락 안에 들 정도로 훌륭하다. 정상에서 살피는 경관이 장쾌하지만 너무 큰 경치는 오히려 현실감이 떨어져 보는 맛이 덜하다.

산책의 시작은 도봉역 1번 출구로 나와 무수천을 타고 오르면 된다. 도봉초등학교 못 미쳐 무수교 옆에는 마을 이름의 유래를 알려 주는 표석이 한가로이 서 있다.

'무수골이란 마을 이름은 1477년 조선의 제4대 임금 세종의 17번째 아들인 영해군의 묘가 조성되면서 유래한다. 옛 명칭은 수철동水鐵洞이었으나 세월이 지나면서 무수동無愁洞으로 바뀌었다.'

무수천
계곡을 따라 상계동 너머 수락산이 보인다.

동네 이름이 별안간 '시름이 없다' 는 무수동으로 바뀐 이유에 대해서 는 몇 가지 설이 있으나 모두 불분 명하다. 가령, 세종이 먼저 간 아들 이당의 묘를 찾았다가 윗터 약수터 의 물을 마시면서 "물 좋고 풍광 좋 은 이곳은 아무런 근심이 없는 곳이 다."라고 해서 무시울 또는 무수골로 불리운다는 이야기다.

하지만 세종이 1450년에 승하하였고 영해군은 1477년에 별세했으니 연 대가 맞지를 않는다. 그저 옛이야기 꾸미는 것을 좋아하는 세간 사람들이 그럴싸하게 엮은 민담이라 여겨진다.

무수천으로 내려가 걸어도 좋고 천변 위 포장도로를 따라 계곡물을 굽어 보면서 진행해도 괜찮다. 도봉초교를 지나 한동안 걷다 보면 세일교를 지 나서 난향별원에 다다른다.

전원일기의 한 장면으로
들어온 듯한 풍경

풍류를 알기라도 하는 것처럼 난향별원 담장 위에서 삼색 고양이가 길동무를 자처한다. 이곳에서 자현암까지 이어지는 숲길은 사시사철 언제 걸어도 좋다. 중간쯤에 이르면 난데없이 물을 댄 논 이 시야에 들어오면서 마치 전원일기의 한 장면 속으로 들어온 듯한 착각 을 불러일으킨다.

모내기 체험 나온 초등학생들
난향별원 지나 펼쳐지는 다랑논.

마을의 중앙에는 1981년 서울시 보호수로 지정된 수령 250여 년의 느티나무 보호수가 당당하게 서 있다. 25m의 높이에 둘레가 약 4m에 이르는 노거수임에도 썩은 부분이 전혀 없으며 아직도 창창한 나뭇잎을 풍성하게 피워 내고 있다.

갈림길 앞에 서서 도봉산 봉우리를 바라보고 있으면 고즈넉한 분위기가 느껴진다. 이곳에서 난향원을 지나 자현암까지는 인공 조림 숲길이 계속된다. 해질 무렵이면 그림자가 길게 드리워져 볕과 그늘이 어우러진 평지의 계단처럼 느껴진다. 계곡 옆으로 흐르는 물소리를 들으며 걷다 보면 자현암에 다다른다.

난향병원
담 길을 따라 가을을 만끽하는 시민들.

자그마한 사찰임에도 대웅전을 비롯하여 범종각, 요사채, 삼성각 등이 구색을 갖추고 있다. 유난스레 짖어 대는 개가 없으니 느긋하게 둘러보며 잠시 쉬었다 가자. 도봉역부터 이어진 포장길은 여기서 끝이다.

사대부가 즐겨 찾으며
마음을 가다듬었던 가람

자현암을 나와 계곡 옆으로 난 돌길을 따라 30여 분 오르면 원통사에 다다른다. 골짜기 사이로 돌을 쌓아 올리고 그 위에 전 각이 서 있으니 마치 해자를 갖춘 성채를 보는 듯하다. 원통보전 앞마당에 서면 노원구와 도봉구 일대가 한눈에 들어온다.

원통사는 사대부들이 즐겨 찾던 명소 중 한 곳이다. 대표적인 인물이 조 선 제21대 임금 영조 시절에 활약한 귀록 조현명과 평보 서명균이다. 조현 명은 소론의 핍박으로부터 왕세제 연잉군(뒷날의 영조)을 보호하는데 힘썼

원통사
사대부들이 국사를 논하며 낙서를 즐겼던 사찰.

으며 여러 요직을 거치면서 영의정에 올라 당시 문란했던 군역 제도를 정비한다. 서명균 역시 영조의 탕평책을 도운 인물로서 우의정, 좌의정을 지내며 청렴결백한 관리로 살았다.

원통사는 오래된 가람임에도 지정 문화 유산이 하나도 없으니 상당히 의아한 일이다. 여러 채의 전각도 유수한 전통이 깃든 건물로는 보이지 않는다. 원통보전 옆의 바위틈으로 약수가 흘러나오고 있으며 약사전 바로 앞에는 상공암相公岩이라는 글자가 바위 속에 음각되어 있다. 상공은 재상이나 정승의 다른 말이므로 아마도 과거 양반들의 유희로 짐작된다.

옛 사람들의 낙서 놀이지만 제법 공을 들여 새겨 넣었으니 선비들의 왕래가 잦았음을 다시 한번 확인할 수 있다. 도봉산 계곡에는 이런 바위 글씨가 곳곳에 산재해 있다.

원통사를 나와 산책로를 조금 내려오면 우이동 유원지까지 녹음 길이 계속된다. 탁 트인 풍경을 볼 수는 없지만 싱그러운 나뭇잎 사이로 쏟아지는 햇살을 받으며 살랑살랑 오솔길을 걷는 기분이 일품이다. 북한산우이역 못 미쳐서 '우이동 산악문화허브'가 있다. 산악인 엄홍길의 업적을 기리는 전시관이므로 아이들과 견학하기에 좋다.

바위 행렬 따라 인생 숏 남기는 곳,
바로 여깁니다

　　　　　　　　도봉산과 이웃하고 불암산과 어깨동무하고 있는 수락산水落山은 '물이 떨어진다'는 풀이에서 짐작할 수 있듯이 상당히 깊은 계곡과 암반으로 이루어져 있다. 중랑천의 발원지이며 능선 길을 따라 마치 거인이 갖고 놀던 공깃돌처럼 여러 크고 작은 바위가 늘어서 있어 구경하는 재미가 삼삼하다.

　이번 산책길은 수락산 계곡을 따라 정상으로 향해 장암역으로 내려오는 코스다. 산책 경로에 있는 용굴암에서는 누구나 '소원의 종'을 두드리며 근사한 경치를 관망할 수 있고 기개 높았던 선비 박태보를 기리는 노강서원 관람도 빼놓을 수 없다. 산책의 시작은 지하철 7호선 수락산역 1번 출구로 나와 벽운계곡으로 향하는 이정표를 따르면 된다.

　아파트 단지를 지나면 염불사까지 계곡 길이 이어지므로 흐르는 물소리를 벗하며 사뿐히 걸을 수 있다. 포장도로가 끝나는 곳 바로 우측에 염불사가 있으니 들러 보고 가자.

대웅전 뒤편의 자그마한 삼성각에는 산신과 독성의 현판이 함께 걸려 있다. 여느 사찰에서 흔히 볼 수 있는 삼성각은 독성, 산신, 칠성을 함께 봉안한 전각이다. 독성각은 대개 단군을 섬기거나 탱화로 모시며 길흉화복을 관장한다. 산신각에는 재물을 감독하고 불법을 수호한다는 산신이 자리하고 칠성은 북두칠성 신앙을 반영한다. 불교가 전래된 이후 우리나라의 민간 신앙을 수용하면서 한국적 색채가 녹아든 형태다.

염불사를 나와 계곡물 소리를 들으며 도솔봉 방향으로 한동안 걷다 보면 영원암을 거쳐 용굴암을 구경할 수 있다. 도솔봉과 용굴암에서 바라보는

수락산
영원암 앞 전망대에서 바라본 노원구와 도봉구 풍경.

풍경이 근사하므로 놓쳐서는 안 되는 코스다. 매월정 방향으로 가면 정상까지 빠르게 오를 수 있지만 길이 험해서 추천하지 않는다.

비탈 옆으로 난 소로가 흡사 잔도_{절벽에 구멍을 내고 만든 다리}를 걷는 듯한 기분을 선사하며 돌계단 길을 돌아가면 영원암이다. 사찰이 아니고 마치 시골집 마당에 들어선 듯한 기분이 느껴진다. 뜨락에 약수가 나오므로 그런 분위기를 배가시키고 있다. 나한전 뒤편으로 돌아가면 모자챙과 같이 생긴 갓바위가 있으니 바로 황자굴이다.

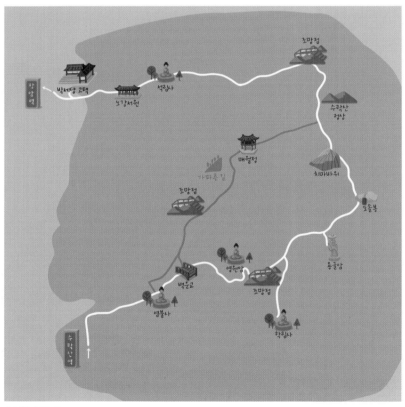

수락산 산책길

영원암
시골집 마당과 같은 푸근함을 준다.

명성황후가 피신처로 삼았던
용굴암

영원암을 뒤로하고 도솔봉 쪽으로 걸음을 옮기다 보면 오른쪽 샛길로 용굴암 가는 팻말이 서 있다. 이번 산책기에서 빼놓으면 섭섭한 장소이므로 들렀다 가자. 조금만 내려가면 되므로 진행을 방해하지도 않는다. 벼랑 위에 지어진 암자에서 바라보는 풍광이 상쾌한 기분을 느끼게 해 준다.

일제가 한반도를 집어삼키려고 호시탐탐 기회를 노리던 당시, 대한제국은 안동 김씨의 60여 년 세도정치로 나라가 병들어 있었다. 섭정을 하던 아버지 흥선대원군을 권좌에서 축출한 고종과 명성황후는 청나라와 러시아를 끌어들여 일본을 견제하면서 점진적인 개화 정책을 펼친다.

하지만 외척인 민씨 일가를 대거 기용하면서 세도 정치의 악습을 이어

용굴암 육화당
벼랑 위에 세워져 멋진 풍광을 선사한다.

갔다. 민씨 일파는 부정 축재에 여념이 없었다. 군대의 봉급을 1년 넘게 지
급하지 않았으며 13개월 만에 쌀로 대신 주었으나 이마저 모래를 섞어 구
식 군대를 분노케 한다. 조선 곳곳에 만연한 부정부패로 관리가 군인들의
봉급을 착복한 것이다.

　이에 군부가 민씨 세력을 처단하려고 봉기한 사건이 임오군란이다. 명성
황후는 군란을 피해 용굴암에 7일간 머물렀다고 전해진다. 이후 조정의 하
사금을 받아 대웅전을 건립한 뒤 오늘에 이르고 있다. 가파른 벼랑 위에 자
리 잡은 탓에 오밀조밀하게 전각이 세워져 있지만 육화당에서 바라보는 일
대 풍경이 볼 만하다.

거인의 공깃돌을 배경으로
멋진 사진을

용굴암을 나와 수락산 정상으로 가 보자. 도솔봉을 타고 치마바위를 거쳐 철모바위를 지나며 각각의 봉우리를 배경으로 멋진 사진을 남길 수 있다. 마치 독수리가 날개를 접고 내려앉은 듯한 도솔봉에 이르면 남동쪽으로 경기도 남양주시를 비롯하여 중랑구와 노원구의 지세를 확인할 수 있다.

정상으로 오르는 계단에 서면 기암괴석 옆으로 장대한 풍광이 펼쳐진다. 서쪽으로 도봉산 암릉 행렬이 지척에 닿을 듯 느껴지며 북으로는 의정부시 일대가 한눈에 들어온다. 남쪽으로 고개를 돌리면 유려한 산세를 드러내고 있는 불암산 능선이 흡사 내 뒤를 종종걸음으로 따라온 것 같다.

산꼭대기에 놓여진 몇 개의 커다란 공깃돌 위에 서면 다소 센 바람이 옷자락을 휘날리게 만들어 몸이 저절로 흔들거린다. 이 짜릿함 속에서 부감

도솔봉
날개를 펼치고 날아갈 것
같은 모양이다.

액자바위
포개진 바위 속은 오리걸음으로
겨우 통과할 수 있다.

하는 풍광이 특별한 경험을 선사한다. 흔들바람이 통과하는 액자바위 앞에 앉으면 네모난 프레임 속에 편안히 앉아서 멋진 사진을 담을 수 있어 외국인도 심심치 않게 찾는 곳이다.

기개 높았던 선비 박태보를 기리는 서원

수락산 절벽 경치를 감상하며 지도에도 표시되지 않은 조망점(사진 촬영소)을 지나 계곡을 타고 40분쯤 진행하면 서너 채의 전각으로 이루어진 석림사가 나온다. 창건 연대는 불확실하며 한국민족문화대백과사전에 의하면 조선 중기 문신 박태보가 매월당 김시습의 명복을 빌기 위해 중수한 것으로 추정하고 있다.

이후 한국 전쟁 때 불타 없어진 것을 1956년 비구니 상인相仁이 큰방大房 등의 건물을 세우고 지금에 이르고 있다. 대웅전이라는 한자 대신에 큰법당으로 한글 표기를 하고 있는 것이 이런 이유로 짐작된다. 계곡을 따라 일주문까지 이어지는 길이 노을빛을 받으면 상당히 운치 있으며 바로 앞에 노강서원이 자리한다.

조선 제19대 임금 숙종이 두 번째 왕비인 인현왕후 민씨를 궁에서 내쫓을 때 정재 박태보는 왕후의 폐비를 반대하는 상소를 올렸다. 분노한 숙종은 정재를 무자비하게 고문하

노강서원
숙종의 인현왕후 폐비에 반대하다가
죽음을 맞은 박태보를 기린다.

였고 유배지로 가는 도중 노량진에서 죽음을 맞는다.

그를 기리기 위해 사육신묘 근처에 사당을 세우고 위패를 봉안하였으며 노강이란 사액을 받는다. 노강서원은 대원군의 서원 철폐 때에도 살아남았지만 한국 전쟁으로 소실되었고 1968년에 현재의 위치에 복원한다.

그 이유는 노강서원 조금 아래에 부친 박세당 고택과 묘역이 있기 때문이다. 옛집 안에는 400여 년 된 은행나무가 아직도 창창한 잎을 피운다.

고택과 서원을 둘러보려면 사전 예약을 해야 한다. 문화관광해설사가 동행하여 자세한 설명을 들을 수 있으니 관련 내용은 의정부시청 문화관광과로 문의하면 된다.

강남의 숨통,
현충원의 사계를 담았습니다

　　　　　　　　서울 시민은 동작동 서달산 자락에 있는 국
립서울현충원을 선거 전후로 정치인들이 참배하는 장소쯤으로 여기는 것
같다. 아울러 묘지라는 선입견 때문인지 특별한 날을 제외하고는 찾는 사
람이 거의 없다. 언제나 한가롭고 여유롭기에 사색의 장소로서 그만이다.
143만㎡에 이르는 땅을 온전히 독차지할 수 있기 때문이다.

　의외로 동작구민조차 이렇게 좋은 산책로가 있다는 사실을 모른다. 그저
정문으로 들어와 현충탑에 헌화하고 주변을 대충 둘러보고 나가는 것 같다.
기껏해야 봄날 한철에 청사 옆에 피어난 벚꽃 구경을 하거나 의장대 행사를
관람하는 때가 사람이 붐비는 시기다. 눈에 보이는 것은 온통 비석 뿐이라고
생각할 수 있으나 이 책에서 소개하는 산책로를 따라 걷다 보면 머리가 상쾌
해지는 경험을 하게 될 것이다.

　뿐만 아니라 현충원 내부에는 2,500여 기의 돌부처를 모신 호국지장사가
있고 창빈 안씨_{중종의 후궁이자 선조의 할머니}의 신도비부묘소_{神道碑附墓所}가 자리한다.

벚꽃이 화사하게 날리는 봄날의 현충원
국립서울현충원 종합민원실 우측의 벚꽃나무 길.

가을날이면 정문 왼편에 있는 현충지와 서달산 남향에 위치한 공작지 주변은 붉은 주단을 깔아 놓은 듯 색동옷으로 갈아입는다.

현대에도 풍수라는 게 있을까? 정상에서 한강 변을 바라보면 탁 트인 조망에 햇볕이 따뜻하게 비추므로 명당임을 짐작케 한다. 지도를 들여다보면 한강을 바라보며 흑석동, 상도동, 청림동, 사당동, 방배동, 반포동 사이에 위치해 있어 요지임을 알 수 있다.

현충원 담장 길 따라
내외부가 모두 좋다

서달산 능선을 따라서는 펜스가 둘러쳐 있으며 중간에 개방된 네 군데의 통문(동작, 사당, 상도, 흑석)을 이용해 안쪽으로 들어갈 수 있다. 이 울타리를 따라 등성이를 마냥 걷기만 해도 좋고 현

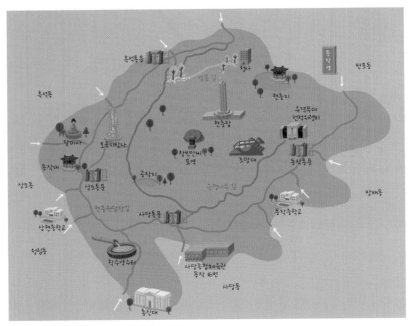

국립서울현충원이 자리한 서달산 일대 산책길

충원 안쪽으로의 산책도 훌륭한 선택이 된다.

가장 접근이 쉬운 코스는 지하철 4호선 동작역 3번과 9호선 8번 출입구로 나와 현충원 좌·우측 진입로에서 시작하는 경로다.

두 번째는 사당종합체육관에서 올라가는 길이 있으니 지하철 4호선 이수역 10번 출구에서 마을버스(16번)를 타면 10분 내외로 도착한다. 체육관 옆으로 난 소로를 따라 30여 미터만 올라가면 바로 사당통문에 도착한다. 이 출입문에서 펜스를 따라 좌측으로 진행하면 동작대를 지나 달마사를 구경하고 현충원으로 들어가 호국지장사를 둘러볼 수 있다. 만약 출입문에서 우측 길을 택하면 동작통문으로 진입하여 은행나무 길을 거닐 수 있다.

또한 지도에는 표시되지 않고 있는 총신대학교 옆 샛길을 타고 오르면

겨울 설경을 만끽할 수 있는 현충원

학수약수터를 지나서 동작대로 가는 길과 합류한다. 왼편으로 한동안 걷다 보면 서달산 정상에 세워진 8각형 정자인 동작대에 오를 수 있다. 3층 높이 지만 수목이 시야를 가리므로 탁 트인 풍광을 볼 수는 없고 요령껏 나무를 피해 주변 경관을 살펴야 한다.

동작대에서 조금 더 발품을 팔면 달마사에 이른다. 서달산 제일의 조망점이자 가장 규모가 큰 가람으로서 한강불꽃축제가 벌어지는 때에는 인근 주민이 빼곡히 모여드는 곳이다. 좌측으로는 서강대교가 시야에 들어오고 정면으로 용산구 너머 남산타워를 조망할 수 있으며 우측으로는 동호대교 너머까지 살펴볼 수 있다.

강북의 허파는 남산, 강남의 숨통은 현충원

다시 펜스를 따라 걷다가 흑석통문으로 들어 가면 본격적인 현충원 탐방의 시작이다. 한국 전쟁 때 순직한 군인과 군무원을 안장하기 위해서 1956년에 국군묘지로 개장했으며 1965년에는 국립 묘지로 승격되었고 2005년에 국립서울현충원으로 변경되어 오늘에 이르고 있다. 국군뿐 아니라 독립운동에 헌신한 애국지사와 공을 세운 경찰 및 향토예비군, 소방공무원, 의사상자도 안치할 수 있도록 법률을 제정하였다.

묘역을 한 바퀴 빙 둘러서 산책로가 잘 정비되어 있다. 왼쪽으로 내려가면 청사 옆에 있는 벚나무 길을 거닐 수 있으며 오른편으로 경로를 잡으면 호국지장사를 거쳐 공작지에 다다른다. 호국지장사의 처음 이름은 갈궁사 葛弓寺였다. 신라 때 도선국사가 이곳을 찾았다가 칡넝쿨이 얽힌 사이로 약수가 솟는 것을 보고 토굴을 지은 것이 그 시작이라고 한다.

이후 고려 공민왕 때 보인 스님이 중창하면서 화장암華藏庵으로 고쳐 불렀고 1577년조선 선조 10년에 창빈 안씨의 묘를 절 근처에 모시면서 원찰로 삼아 화장사가 되었다고 전해진다. 수 차례의 중건을 거치며 명맥을 이어오다가 1983년 혜성 스님이 국립묘지에 안장된 호국영령의 극락왕생을 기원하며 지금의 이름으로 바꿨다.

호국지장사
호국 영령의 극락왕생을 기원하는 사찰.

호국지장사 앞에는 서울시 보호수 20-5호로 지정된 느티나무가 300여 년의 수령을 머금고 방문객을 유도하고 있다. 경내로 들어서면 커다란 지장보살입상과 2,500여 개에 달하는 돌부처가 파노라마처럼 펼쳐진다.

만약 정문으로 들어와서 둘러볼 요량이라면 봄철과 가을날을 추천한다. 4월에는 벚꽃이 화사하게 피어나고 가을에는 현충지의 붉은 단풍이 볼 만하며 길을 따라 도열해 있는 아름드리 은행나무의 노랑 물결이 시지각을 울린다. 겨울에 눈이라도 내릴라치면 백설 덮인 묘역의 대비가 아름답기 그지없다. 게다가 오뉴월은 의장대 시범 행사와 더불어 근무 교대식이 있으므로 현충원 홈페이지의 공지를 확인하면 일정을 알 수 있다. 군악대의 힘찬 행진곡과 의장대의 절도 있는 퍼포먼스가 눈에 뜨이는 볼거리다.

한편 나라의 호국영령을 모신 곳에 친일파도 묻혀 있다. 민족문제연구소가 발간한 친일인명사전에 수록된 인물을 기준으로 할 경우에는 63명의 매국노 무덤이 있다. 그간 이들의 묘를 이전해야 한다는 주장은 꾸준히 있었으나 녹록지 않은 현실이 이를 가로막고 있다. 몇몇 국회의원이 이를 추진하고 있으나 아직까지 미진한 상태다.

서울현충원 내부, 무후선열제단의 순국선열 위패
후손이 없는 애국지사 130여 위패가 봉안되어 있다.

　공작지에서 바로 정문으로 내려갈 수도 있으나 재차 산책로를 따라 오른쪽으로 길을 나서 보자. 중간쯤에 이르면 정자와 함께 현충원을 조망할 수 있는 덱이 나온다. 이곳에서 보는 경치가 상당히 근사하다. 한강 물줄기 너머로 남산이 보이고 그 뒤편으로 북한산이 시야에 들어온다. 벤치에 앉아 잠시 숨을 고르면서 현충원이 보여 주는 풍광을 감상해 보자.

　정자를 뒤로하고 은행나무 사이를 거닐어 유격부대전적위령비 못 미쳐 왼쪽으로 내려가면 현충탑에서 참배를 하고 내부를 살펴볼 수 있다. 한국 전쟁 당시의 전사자로서 유골이나 시신을 찾을 수 없는 호국영령 10만 여 위패가 모셔져 있으며 영현승천상이 그들의 혼백을 위로한다.

/ 2장 /

봄 편

서초구 제일의 풍경,
우면산이 품은 대성사와 관문사

소가 누워 있는 모양이라고 해서 이름 붙여진 우면산牛眠山은 방배동과 서초동 아래에 있는 산이다. 좌로는 남태령 고개를 넘어 관악산과 이어지고 우측으로는 양재동 구룡산과 맞닿아 있다.

경제 개발이 한창이던 시절에 경부고속도로를 내면서 황소 머리 부분에 해당하는 양재역 우면산이 분리되어 말죽거리공원으로 바뀌었다.

이번 산책은 지하철 3호선 남부터미널역에서 시작하여 대성사를 거쳐 우면산 정상(소망탑)에 올랐다가 양재동 방면의 관문사로 내려오는 경로다. 중간에 우면산자연생태공원도 둘러봄 직하다.

남부터미널역 5번 출구로 나와 좌회전하여 조금 걷다 보면 갓 모양의 건물이 눈에 들어온다. 이 일대는 여러 예술 관련 단

우면산 정상 원경과 중경, 근경의
조화가 멋진 풍광을 보여 준다.

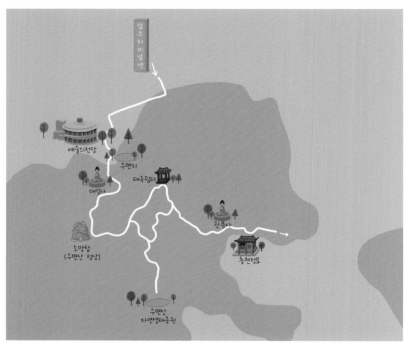

소가 누워 있는 우면산 일대 산책길

체(국립국악원, 국악박물관, 예술의전당, 오페라하우스, 서예박물관, 한국예술종합학교, 미술관 등)가 이웃하고 있는 복합 문화 센터다. 광장에는 잔디밭과 함께 음악 분수가 운용되고 있으며 바로 뒤쪽에는 자그마한 연못인 우면지가 자리한다.

　예술의전당과 오페라하우스 사잇길로 들어서면 대성사가 지척이다. 이곳을 찾는 사람 대부분이 공연이나 전시를 보러 오기에 이 뒤편을 찾는 일은 적은 편이다. 문화 센터인 줄만 알고 있다가 그 숨겨진 모습을 발견하면 깜짝 놀랄 것이다. 공연 연습장에서 흘러나오는 연주를 들으며 기분 좋게 발걸음을 옮기면 눈 깜짝할 사이에 대성사에 다다른다.

용성 스님이
독립운동을 했던 대성사

객을 반기는 듯한 포대화상을 지나 계단을 오르면 대웅전이 나온다. 약사여래삼층석탑, 삼면불, 산신각, 극락전 같은 건물이 있으며 이곳에서 바라보는 서초동과 방배동 일대의 풍광이 볼 만하다.

대성사는 백제 제15대 침류왕 시절까지 거슬러 올라가는 오래된 사찰이다. 백제에 불교를 전한 인도 승려 마라난타가 오랜 여행에 따른 수토병으

대성사
용성 스님이 독립운동을 하던 사찰이다.

로 고생하던 중, 이곳 우면산의 약수를 마시고 나았다고 전해진다. 그 뒤이 자리에 대성초당을 지으니 이것이 대성사의 출발이다. 근대에 와서는 3·1 운동 당시 민족 대표 33인 중 한 분인 용성 스님백용성이 주석하면서 독립운동을 했던 사찰이다.

스님은 일제에 의해 복역하던 중 한글로 된 성경을 보고 충격을 받는다. 감옥을 나온 후 금강경을 비롯하여 여러 경전을 한글로 풀어내면서 불교 대중화에 힘쓴다. 또한 매헌 윤봉길 의사를 불자로 삼은 뒤에 대한민국 임시정부의 김구 선생에게 보냈으며 해방 뒤에는 왜색 불교 타파에 앞장선다.

대성사는 안타깝게도 한국 전쟁 때 소실되었으나 1954년에 중창하여 오늘에 이른다. 오랜 수난의 역사 때문에 규모가 크지는 않으며 종무소 안(극락전)으로 들어가면 서울시 유형문화유산으로 지정된 조선 시대 목불좌상이 안치되어 있다.

대성사 옆길로 15분 정도 오르면 우면산 정상에 다다른다. 조망 덱과 함께 소망탑이 있으며 좌측으로는 한강을 따라 용산이 보이고 오른쪽으로는 남한산성까지 시계가 펼쳐진다. 위로는 남산을 넘어 북한산까지 남쪽으로는 청계산 일대가 한눈에 들어오니 서초구 제일의 풍경이다.

지역 주민에게 열린 공간인
천태종 관문사

소망탑을 돌아 다시 길을 나서 보자. 완만한 능선을 타고 양재동 방면으로 내려가다 태극쉼터 앞의 이정표를 따르면 관문사로 갈 수 있다. 천태종 소속의 관문사는 1988년에 세워진 비교적 신생 사찰로서 관음보살을 모시고 있다. 열린 도서관, 템플 스테이 등 지역 주민

을 위한 프로그램을 운영하고 있으며 대불보전, 옥불보전, 법화대보탑 등
이 눈에 뜨인다.

처음에 이 7층 건물을 보면 옥상에 한옥이 세워져 있어서 호기심을 유발
한다. 누구에게나 열린 공간이므로 출입이 제한된 곳을 제외하고는 자유롭
게 둘러볼 수 있다. 우면산 자락에 있기에 탁 트인 조망을 볼 수는 없지만
불전이 있는 층을 오가면서 살펴보는 재미가 남다르다. 경내에는 경천사지
10층석탑을 옥(법화대보탑)으로 재현해 놓았다.

문화재청 자료에 따르면, 원래 이 석탑은 개성 근처에 있는 부소산 경천사
에 세워졌으나 1907년 일본에 의해 밀반출되었다가 많은 부분이 파손된 채

관문사
국립중앙박물관에 있는 경천사지10층석탑을 옥으로 재현했다.

관문사 윤장대
불교 경전을 넣고 돌리는 책장이다.

1918년에 반환되었다. 이후 1960년에 경복궁에 자리했으나 훼손이 심각하여 보존 처리하였다가 2005년에 국립중앙박물관이 열리면서 재건립된다.

관문사의 모본(법화대보탑)과 국립중앙박물관의 원본을 비교해 보면 흥미로울 것이다. 종무소의 안내에 따르면 전 동국대학교 총장인 황수영 박사와 관련 석학들의 고증을 통해 2015년에 세웠다고 한다.

윤봉길 의사와
사진 찍을 수 있는 곳,
여깁니다

우면산과 청계산 사이로 흘러 구룡산 앞으로 빠지는 양재천은 잠실을 감아 도는 탄천과 만나서 한강 물줄기를 구성한다. 이 양재천의 위쪽에는 말죽거리공원이 있으며 아래에는 매헌시민의숲이 위치한다. 이렇게 남북으로 공원이 조성되어 있는 양재동은 경부고속도로의 시작점이기도 하다.

교통의 요지이다 보니 동서남북으로 운행하는 버스 정류장이 여러 곳이다. 간선 버스를 비롯하여 서울시티투어버스가 통과하는 지점이며 인천시로 오가는 버스(공항, 광역, 시외) 노선이 교차한다. 경기도 의왕시를 거쳐 수원으로 가는 직행버스, 안양시와 군포시를 왕복하는 일반 버스도 있고 길게는 경기도 양주시까지 운행하는 직행좌석버스도 다닌다.

매년 지자체에서는 매헌시민의숲에 탐스러운 튤립을 비롯하여 여러 관상 식물을 심어 공원을 찾는 시민에게 눈요깃거리를 제공한다. 바로 옆에 양재동꽃시장이 있으므로 이런 지리적 특혜를 입는 셈이다. 또한 매헌윤봉길의

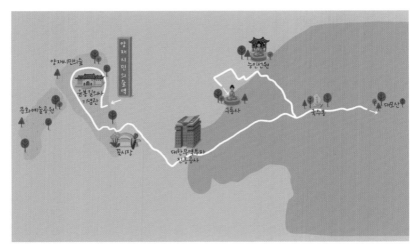

양재동 및 구룡산 일대 탐방 코스

사기념관이 자리하기에 헌화를 한다는 의미도 있으리라 여겨진다.

　매헌기념관에서는 사진 출력 체험이 가능하며 구룡산에서는 강남 일대를 조망할 수 있고 구룡사는 경북 양산에 있는 통도사의 서울 포교당으로서 둘러볼 만한 곳이다. 7층 건물의 꼭대기 선방에 오르면 색다른 분위기를 느낄 수 있다.

윤봉길 의사와 함께
즉석 사진을 찍는다

　　　　　　　　　산책의 시작은 신분당선 양재시민의숲역(매헌) 5번 출구로 나와 여의교를 건너면 된다. 우측에 보이는 전통 기와집이 윤봉길의사기념관이다. 그 위쪽으로 더 올라가면 가지런히 심어진 살구나무길을 따라 양재천이 흐른다. 물길을 따라 한가로이 물고기가 유영하고 산책 나온 시민과 자전거를 타는 사람들이 여유롭게 걸음을 옮기고 있다. 가마우지가 잠수하여 물고기를 사냥하는 장면도 심심치 않게 목격할 수 있다.

매헌기념관으로 들어가 보자. 윤봉길은 의거 전까지 농민독본 세 권을 저술하면서 농촌 계몽 운동에 앞장섰던 선비다. 그러나 식민 지배의 한계를 깨닫고 독립운동의 최전선에 뛰어든다. 1932년 상하이 점령을 기념하기 위해 홍구공원에서 열린 일본군 전승 축하 기념식장에서 폭탄 투척 의거를 펼쳐 침략 수뇌부를 사망케 한다.

이는 3·1 운동 이후 한계에 직면해 있던 우리나라 독립운동의 불씨를 다시 피워 낸 계기가 되었으며, 국민당 정부가 대한민국 임시 정부를 전폭적으로 지원하게 만든 역사적 사건이다. 윤봉길 의사는 거사 직후 일본군에게 붙잡힌 다음 모진 고문 뒤에 총살당한다. 불과 25세의 나이였다.

매헌 윤봉길 의사 기념관
매헌기념관 내부의 동상과 전시실.

일제는 그의 유해를 대중이 왕래하는 길가에 암매장했고 이후 13년간 오가는 행인의 발에 짓밟히도록 만들었다. 해방 뒤 1946년에 수습하여 조국의 품에 돌아왔고 효창공원에 안장되었으며 1962년에는 건국 훈장 대한민국장이 추서된다.

박물관을 둘러보고 출구 쪽으로 나오면 윤봉길 의사와 사진을 찍을 수 있는 스튜디오가 나온다. 15×10㎝의 사진을 즉석에서 뽑아 주니 기념으로 간직해 보자.

기념관을 나와 길을 건너면 남쪽으로 유격백마부대충혼탑, 대한항공희생자위령탑, 삼풍참사위령탑이 보인다. 상대적으로 찾는 사람이 적어서 한가로이 벤치에 앉아 사색에 잠길 수 있다. 대부분 양재천 방면으로 산책을 가기 때문이다. 길 건너 양재동꽃시장aT 화훼공판장이 알록달록한 레고 블럭처럼 꾸며져 있기에 시선을 잡아끈다.

양재동꽃시장 내부
경매가 끝난 뒤 화분을 차에 옮기고 있다.

우리나라 최대 화훼 시장으로서 다양한 꽃을 경매 가격으로 살 수 있다. 특별한 제한은 없으니 시간을 맞추면 경매 현장을 볼 수도 있다. 커다란 수레에 층층이 쌓인, 탐스럽게 열린 울긋불긋 형형색색의 꽃다발이 방문객을 유혹한다. 공판장 앞 비닐하우스 안으로 들어가면 향긋한 꽃 내음과 함께 생전 처음 보는 식물을 구경할 수 있다.

도심 속 통도사 포교당
구룡사

꽃 시장을 나와 우측으로 진행하여 사거리에서 길을 건너면 대한무역투자진흥공사가 나온다. 이 길로 들어서면 한국국제협력단KOICA 옆길을 지나 구룡산으로 오를 수 있다. 15분쯤 걷다 보면 전망이 우수한 국수봉이 나오고 조금 더 올라가면 구룡산 정상에 도착한다.

단청처럼 화려한 구룡사 연등

불상을 조성하고 있는 신우형 장인
불상조성원으로서
3대째 가업을 잇고 있다.

해발 300m 정도의 높이라서 강남 일대를 조망할 수 있다. 더 걷는다면 대모산으로 이어지며 개포동과 일원동 방면으로 내려갈 수 있다.

다시 국수봉으로 내려와 능인선원 방면으로 하산하니 운 좋게도 불상 조성 작업을 하는 장면을 보게 되었다. 3대째 가업을 잇고 있는 신우형 장인의 눈매와 손길이 진중하다.

선원을 둘러보고 육교를 건너 왼쪽으로 진행하면 지척에 구룡사가 있다. 신라 자장율사가 경북 양산에 창건한 통도사의 서울 도심 속 포교당으로서 1985년에 종로구 가회동에 창건한 뒤 이곳으로 옮겨 왔다.

구룡사 지하층부터 7층까지 둘러보면서 법당과 불전을 살필 수 있다. 만불보전에 자리한 7개의 불상과 관음전, 인등실, 극락전, 열반전, 선방 등등. 4층 열반전 문을 열고 나선형 계단을 따라 오르면 꼭대기에 이르며 이곳에서 개포동 일대를 조망할 수 있다.

벚 길 따라
벚꽃 터널이 펼쳐지는
서리풀공원

서울 시내 벚꽃 명소인 여의도 윤중로와 잠실동 석촌호수에는 매년 수많은 인파가 몰리므로 이따금 안전을 위해 통행을 제한하기도 한다. 벚꽃 놀이가 근사하기는 하지만 사람에 치이면서까지 찾아볼 이유는 없는 듯하다. 서울 시내 여기저기를 살펴보면 벚꽃 구경을 할 수 있는 괜찮은 장소가 얼마든지 있기 때문이다. 이번에 소개하는 산책길이 바로 그러하다. 서울 도심에 이렇게 좋은 벚꽃 길이 있을까 싶을 정도로 훌륭하다.

경로는 고속터미널역에서 시작하여 서리풀공원을 거쳐 효령대군묘역(청권사)을 지나 방배근린공원까지다. 마주치는 사람이 적어서 호젓하게 산

서리풀공원
만개한 벚꽃과 개나리를 감상하며
봄의 기운을 만끽할 수 있다.

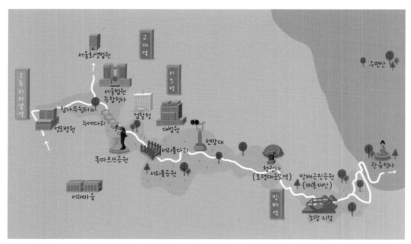

서리풀공원에서 방배근린공원까지의 산책길

책로를 걸을 수 있으며 중간에 대법원과 검찰청 방면으로 빠지면 우아하게 차 한잔할 수 있는 카페가 나온다. 누에다리를 건너서는 몽마르뜨공원의 이국적인 풍취를 느낄 수 있으며 서울시 지정 유형문화재 제12호인 청권사는 단독 코스로 삼아도 될 만큼 경관이 좋다.

상서로운 벼가
자라는 마을

산책의 출발은 고속터미널역 4번 출구로 나와 왼쪽에 보이는 육교를 건너면 나오는 서리풀공원이 들머리다. 서초瑞草구의 옛 지명인 서리풀은 '상서로운 풀'이 자란다는 뜻이다. 삼국 시대에는 쌀을 서화瑞禾라고 칭하였기에 서초는 곧 벼를 뜻한다. 지금이야 남아도는 것이 쌀이지만 과거에는 명절이나 되어야 배불리 먹을 수 있었다.

효령대군묘역 벚꽃 터널 길
청권사(효령대군묘역) 담장과 어우러진 벚꽃 길.

서리풀공원 길을 따라서 벚나무가 화사한 꽃을 피우고 봄을 물씬 느낄 수 있는 개나리가 노랑 옷을 입는다. 십여 분 걷다 보면 참나무 쉼터 왼편으로 난 길이 서울법원종합청사로 내려가는 바로미길이다. 여기 후생관(예식장)에서 테이크아웃 커피를 마실 수 있고 한 뼘 정도 되는 온실을 구경할 수 있으니 둘러보는 것도 나쁘지 않으리라.

이곳은 법조 단지이므로 각종 법률 사무소는 물론이요 서울고등법원, 검찰청, 대법원, 서초경찰서, 서울회생법원, 대한법률구조공단 등이 한곳에 몰려 있다. 대법원 홈페이지를 통해 단체 관람을 신청할 수 있으며 상설 전시는 물론이요 초등학생을 위한 교육 프로그램도 진행한다.

효령대군과
예성부부인 해주 정씨 묘역

참나무 쉼터에서 오른쪽 길로 들어서면 누에다리를 건너 몽마르뜨공원이 나온다. 반포역과 서리풀공원 일대 서래마을에 프랑스인이 집단으로 살고 있기에 지어진 이름이다. 다리를 건너자마자 왼편에 있는 작은 길에 개나리와 벚꽃이 흐드러지게 피어나 상춘객을 반긴다.

길을 따라 서리풀다리를 건너면 옛 정보사 담장 옆으로 화려하게 피어난 청권사의 벚꽃 터널이 나온다. 이곳에 조선 제3대 임금 태종의 둘째 아들인 효령대군과 예성부부인의 묘소가 있다. 태종의 맏아들이 양녕대군이고 차남이 효령대군, 삼남이 충녕대군세종대왕이라는 사실은 대한민국 사람이라면 누구나 알 것이다.

효령은 충녕에게 임금 자리를 양위하고 왕실의 어른으로서 초탈한 삶을 살았다. 주나라 시절, 공자는 왕위를 아우에게 양보한 우중의 행위를 칭찬

효령대군과 예성부인 해주 정씨 묘소
세종대왕의 형이자 태종의 둘째 아들인 효령대군 이보 묘역.

하면서 이를 청권淸權이라고 말하였다. 세종은 군왕의 지위를 양위한 효령
대군이 곧 청권이라고 칭송하였으며 시간이 흘러 정조는 청권사라는 현판
을 사액하였고 법인이 설립되어 지금에 이른다.

묘역 바로 앞이 지하철 2호선 방배역이다. 길 건너 백석예술대학교가 보
이고 뒤편의 자그마한 동산이 매봉재산(방배근린공원)이다. 10여 분 정도
오르면 전망대에서 우면산을 마주할 수 있다. 반대편으로는 남산타워를 넘
어 북한산까지 한눈에 들어온다. 시야를 가리는 건물이 없어서 서리풀공원
전망대에서 보는 것보다 더 좋은 풍광을 만끽할 수 있다.

발걸음이 만든 작은 길을 따라 내려오면 BTN불교TV에서 사당 방면의 남
부순환로에 단풍나무가 300여 미터 줄지어 있다. 가을날이면 붉은 낙엽을
밟으며 거니는 재미를 느낄 수 있다.

개나리 축제와
벚꽃놀이 구경 길,
봄나들이에 제격이죠

봄이면 개나리의 노란 물결이 파도처럼 펼쳐지는 성동구 응봉산은 한강 변의 풍광을 마주할 수 있는 조망 명소 중 한 곳이다. 자그마한 동산이라 높이 오르는 계단도 없고 출렁다리를 흔들며 조금만 걸으면 어느새 정상에 이른다. 산마루 팔각정에 서면 중랑천이, 한강에 합수하는 지점에는 뚝섬이, 그 건너편에는 압구정이 자리하고 있다.

중랑천을 가로지르는 용비교, 응봉교, 성동교를 비롯하여 강남 3구로 이어지는 세 개의 다리(동호대교, 성수대교, 한남대교)가 한눈에 들어오므로 도시의 야경을 찍고자 하는 사람들이 심심치 않게 찾는다. 매년 응봉산에서는 개나리 축제가 열려 벚꽃과 어우러진 샛노란 물결이 상춘객을 유혹한다. 또한 용비교를 넘자마자 서울숲으로 진입할 수 있으므로 봄철에 걸어 볼 만한 코스다.

서울숲은 4월에 벚꽃이 화사하게 날리고 사슴 먹이 주기 체험을 할 수도 있으며 튤립을 비롯한 봄꽃을 식재하여 성동구민이 즐겨 찾는 장소다. 나

응봉산 팔각정으로 오르는 개나리 길
경의·중앙선 응봉역에서 10여 분이면 도착한다.

비정원과 곤충식물원에서는 아이들과 함께 여러 종의 나비를 구경할 수도 있으며 웨딩 촬영을 하는 커플을 흔하게 볼 수 있다. 아울러 서울숲 한 모퉁이에 있는 수도박물관에 들르면 작두펌프를 비롯하여 상수도에 관한 모든 것을 살펴볼 수 있다.

기찻길 옆 개나리 물결이
응봉산을 물들인다

경의·중앙선 응봉역 1번 출구로 나오면 산책의 시작이다. 아스팔트 위에 흰 페인트로 안내해 놓았으니 10분쯤 걷다 보면 어느새 정상이다. 길을 따라 인공 암벽 공원이 보이는 코스를 타서 팔각정에 이르러도 되고 응봉개나리공원 방향으로 막바로 올라갈 수도 있다. 어느 길이나 큰 차이는 없으므로 현장에서 눈에 들어오는 곳으로 걸음을 옮기면 된다.

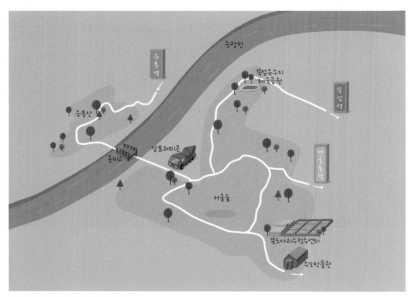

응봉산과 뚝섬 일대 나들잇길

　산길 중턱에 전망대와 함께 참매 조형물을 설치해 놓았으니 지명의 유래 때문이다. 조선 시대 때 임금이 이곳에서 매사냥을 즐겼다기에 매 응鷹 자를 써서 응봉산이라고 부른다. 해발 높이가 90m 정도인 야트막한 동산이지만 한강 변을 마주하고 있는 사면은 벼랑이라서 탁 트인 시야가 나온다. 주변에 높은 건물이 없으니 굽이돌아 흘러가는 한강의 여유로움을 감상할 수 있는 훌륭한 조망점이다.

　개나리 속에 푹 파묻혀 걷다 보면 경의·중앙선을 달리는 기차가 운치를 더해 주는 용비교로 내려온다. 응봉산 정상에서 바라보는 한강 풍취도 좋고 이곳에서 감상하는 개나리 물결도 근사하다. 팔각정과 어우러진 푸른 하늘이 노란색을 더욱 눈에 뜨이게 만들기 때문이다. 마주치는 열차를 뒤로하고 길을 나서면 금방 서울숲에 다다른다.

용비교에서 바라본 응봉산
노란색 옷으로 갈아입은 응봉산을 열차가 지나가고 있다.

큰 비가 오면
섬이 되는 뚝섬

옛날부터 이 일대는 뚝섬이라고 불렸다. 장마가 지면 중랑천이 넘치면서 물길이 불어나 섬이 되었기 때문이다. 물이 빠진 뒤에는 퇴적물로 인해 땅이 기름졌으며 곡물과 채소를 심어 궁궐에 바쳤다고 한다. 이와 같은 지리적 환경으로 인하여 조선이 건국되면서 말 목장이 들어섰고 자연스럽게 군사 기지로 활용되었다. 바로 윗동네인 마장동과 장안동의 명칭이 여기에서 기원한다.

20세기 초에는 우리나라 최초의 상수도 정수 시설을 세웠던 자리이며 1950년대까지는 유원지였다가 이후 경마장으로 쓰였다. 80년대 초까지 물놀이를 할 수 있었으며 2000년에 들어와서는 서울숲으로 조성된다. 이런

서울숲 산책로의 봄
산책길에 벚꽃이 수려하게 피어나 시민을 반긴다.

서울숲 수변 앞에 피어난 튤립이
상춘객을 유혹하고 있다.

역사 때문에 지금도 정수 시설이 남아 있고 한 편에 수도박물관이 개관하여 보통 사람들도 둘러볼 수 있게 만들었다.

서울숲이 가장 붐비는 때는 벚꽃이 수려하게 피는 봄철이다. 수변휴게실로 가는 다리 위에서 보는 벚꽃이 볼 만하기 때문에 외국인도 즐겨 찾는 장소다. 곤충식물원과 꽃사슴방사장에 이르는 산책로도 많은 사람이 찾는다.

상대적으로 한산한 곳은 정수식물원이 있는 뚝섬유수지체육공원 일대와 수도박물관이다. 박물관의 관람 시간은 09:00~18:00까지며 월요일은 휴무다. 체험학습도 가능하니 아이들과 함께하는 것도 좋겠다.

148

박물관 내부에는 우리나라에서 가장 오래된 철근 콘크리트 구조물인 완속여과지(1908년 건립)를 관람할 수 있다. 모래와 자갈층 사이로 한강 물을 통과시켜 정수하는 시설로서 백 년 전 구조물이라고 볼 수 없을 정도로 관리가 잘되어 있다.

한쪽에는 우물과 함께 작두펌프가 설치되어 있어 옛 추억을 떠올리게 만든다. 80년대 초반까지만 해도 시골에서는 흔하게 볼 수 있었던 수동식 펌프. 마중물을 붓고 작두질하듯이 손잡이를 위아래로 움직이면 콸콸콸 지하수가 나온다.

버티고개에서
한강의 새로운 면모를 보는
나들잇길

　　　　　　응봉공원(금호산)에서 매봉산으로 이어지는 산
자락에는 네 동네가 마주하고 있으니 약수동, 금호동, 옥수동, 한남동이다.
이 일대는 야트막한 동산이라 산책하기가 좋을 뿐 아니라 세 곳의 조망점
에서 바라보는 경치만으로도 걸어 볼 가치가 있다. 응봉공원 전망대에서는

다산팔각정 앞에서 시작되는 한양도성길
버티고개역으로 올라와 다산팔각정(성곽마루) 갈림길에서 바라본 장충동.

남산의 새로운 면목을 감상할 수 있으며 매봉산에서는 성수대교와 영동대교 너머로 잠실벌이 시원하게 펼쳐진다. 버티고개 다산팔각정은 다산성곽길의 시작점으로서 북한산까지 조망할 수 있다.

지하철 5호선 신금호역 5번 출입구가 산책의 출발점이다. 고개 방향으로 조금 걸어 오르면 응봉공원이 시작되며 마을버스 성동05번의 종점이기도 하다. 바닥에 깔린 야자매트를 기분 좋게 밟으며 철쭉과 영산홍을 눈요기하다 보면 신발에 먼지가 붙기도 전에 우수 조망 지점이 나온다. 약수역과

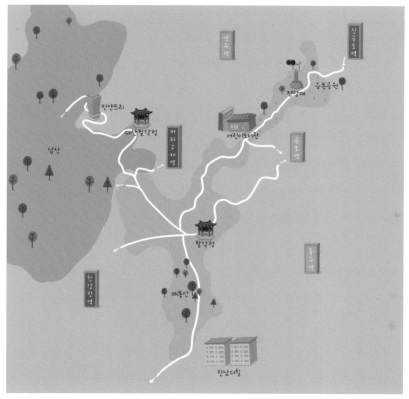

금호산에서 매봉산과 남산으로 이어지는 산책 코스

장충동, 약수동 너머로 남산 자락에 세워진 신라호텔이 보이며 그 옆으로는 국립극장해오름극장이 시야에 들어온다.

금호산 정상부에서 바라보는 한강 풍광은 약간 시야를 가려서 아쉽지만 기분 전환을 하기에는 괜찮다. 매봉산에서 바라보는 풍취가 뛰어나므로 이를 위한 애피타이저라고 여기면 될 것이다.

길을 따라 내려가면서 주민을 위한 쉼터와 봄꽃을 구경할 수 있으며 지하철 3호선 금호역 부근에 이르면 어린이 도서관이 나온다. 간단한 음료를 마실 수 있으며 동네 주민뿐 아니라 누구나 이용할 수 있다.

바로 아래쪽 동호초등학교 옆에도 성동구립숲속도서관이 있으므로 산책 전후로 아이와 함께 들르면 괜찮을 것 같다.

금호동의 옛 이름은 한자로 수철리水鐵里다. 가운데 글자 철鐵에서 금金을 따오고 수水는 호수湖로 치환하여 금호동이 되었다고 전해진다. 조선 시대부터 이 일대는 대장간 마을로서 각종 농기구를 만들었기에 약수동과 금호동이 포함된 중구 신당동 일대는 여전히 쇠로 된 주방용품 시장이 성업 중이다.

길거리 음식 중 하나인 풀빵이나 붕어빵 무쇠틀을 제작하는 곳이 바로 이 동네다. 신당동 중앙시장, 왕십리 가구거리, 황학동 주방거리에서는 각종 인테리어 가구를 팔고 있다.

매봉산 팔각정에서 보는
한강 풍광이 볼 만하다

길을 따라 매봉산 정상으로 가 보자. 군부대 시설이 드문드문 남아 있어 색다른 느낌을 주며 완만한 흙길을 따라 주민들을 위한 운동 기구와 편의 시설이 마련되어 있다. 정상에 가는 도중 오른

매봉산 정상(팔각정)에서 바라본 한강 풍경

쪽길로 빠지면 버티고개를 넘어서 남산으로 이어진다.

먼저 산마루 팔각정으로 코스를 잡아 보자. 정자에 올라 바라보는 한강 풍광이 근사하다. 시야를 가리는 건물이 없어서 저 멀리 남한산성까지 한눈에 조망할 수 있다.

팔각정에서 우측 샛길로 빠져 내려오면 한남더힐아파트가 나온다. 유엔빌리지와 함께 한남동 부촌을 이루는 장소다. 대기업 회장과 유명 연예인이 거주하는 곳이라 한눈에 봐도 고급 주택가임을 알 수 있다. 이쪽으로 내려오는 길에서는 특별히 눈에 뜨이는 조망은 없지만 흙길을 밟아 보는 기분은 산책 코스로서 괜찮은 편이다. 한남동이라는 이름은 지리적 위치에서 기원한다. 한강의 첫 글자와 남산의 앞 자를 합쳐서 만들었다.

한양도성길의 시작점
버티고개 다산팔각정

매봉산마루 팔각정 갈림길에서 북서쪽 버티고개 방향을 타면 반얀트리클럽을 지나 남산으로 들어설 수 있다. 이곳에서 바라보는 남산타워의 자태가 제법 볼 만하다. 길을 건너면 남산국립극장이고 벚꽃 길을 걸어 볼 수 있다. 다산팔각정(성곽마루) 바로 앞에서 시작하는 성벽 길은 지하철 3호선 동대입구역까지 이어진다.

성곽마루는 산세에 묻혀 있기에 주변 풍광을 보기는 어렵고 산책길에서 잠시 쉬어 가는 장소로 여기면 될 것이다. 응봉공원에서 보면 신라호텔이 남산 풍광을 가려서 살짝 아쉬운 편이지만 이 지점에서 바라볼 때는 경관이 훌륭한 장소에 자리하고 있음을 알 수 있다.

약수동에서 한남동으로 넘어가는 버티고개는 옛날 순라꾼이 야경을 돌면서 '번도'라고 외치며 도둑을

서울의 랜드마크 중 하나인 남산타워
반얀트리에서 조망할 수 있는
색다른 남산 풍광.

쫓았다고 하여 붙여진 이름이다. 당번의 번畓 자와 우뚝할 치峙를 써서 번티고개라고도 하였으나 이후 발음하기 편하게 버티고개로 바뀐다.

약수동의 지명도 버티고개에 이름난 약수터가 있었기에 지어진 이름이다. 한남동과 금호동 사이에 위치한 옥수동 역시 옥정수라고 하는 우물터에서 나온 지명이다. 약수나 옥수가 있으면 같이 따라오는 무당도 있기 마련이라 신당동의 이름이 여기에서 기원한다. 옛날에는 무당촌이었던 지역이라 신당神堂이었으나 갑오개혁 때 새로울 신新으로 바뀌었다.

별격의
한강 풍취를 느낄 수 있는
아차산과 망우산

서울 최동단에 위치한 아차산과 망우산은 한강을 차지하기 위해 쟁탈을 벌였던 삼국의 치열한 역사를 간직한 장소다. 산성을 비롯하여 보루와 각종 유적이 묻혀 있으며 그중 일부를 지자체에서 복원하고 있다. 망우산은 1933년부터 공동묘지로 개원하였으나 1973년에 매장이 종료된다. 이후 지속적인 이장을 통해 범위가 축소되었고 현재는 망우역사문화공원으로 탈바꿈하여 인근 주민이 즐겨 찾는 장소가 되었다.

흥미롭게도 1990년대에는 사격과 양궁 국가 대표 선수들이 담력을 키우기 위해 야간 공동묘지 산책을 하고는 했다. 역사문화공간으로 변신한 지금에는 묘지의 느낌을 전혀 찾아볼 수 없으며 각종 산새들

아차산 정상 부근의 전망대 풍경
조망 덱을 여러 곳 설치해 놓아서
걷는 재미와 보는 맛이 탁월하다.

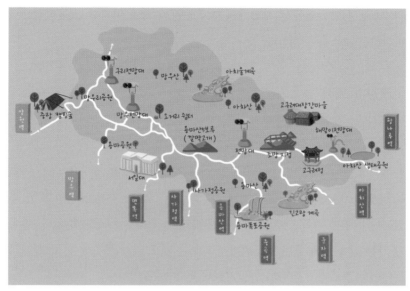

망우산과 아차산 산책 코스

이 지저귀는 소리를 들으며 기분 좋게 산책할 수 있는 코스다.

망우산에서 깔딱고개를 넘어 이어지는 아차산은, 백제 시대에 산성이 만들어지고 고구려가 남진하여 점유하고 개축하였던 곳이다. 지금까지 남아 있는 보루는 신라 때 세워졌다. 해발 3백 미터가 채 안 되는 남산만 한 높이지만 해넘이 풍경과 해돋이를 함께 볼 수 있는 점이 아차산이 주는 매력이다.

삼국 시대부터 군사 요충지였기에 광진구廣津區, 광나루라는 명칭이 아직도 남아 있으며 시원한 바람과 함께 걷는 맛이 일품이다.

북으로는 서울의 마지막 행정 구역이고 남으로는 광나루역이 있으며 동향으로 경기도 구리시와 접해 있다. 서편으로 광진구, 중랑구, 동대문구 일대가 한눈에 들어오며 그 너머로 북한산까지 조망할 수 있다. 사람들 대부분이 지하철 5호선 아차산역에서 산책을 시작하겠지만 이 책에서는 경의·중앙선 양원역에서 시작하여 망우공원을 거쳐 아차산 고구려정으로 하산하는 코스를 소개한다.

망우산을 거쳐
아차산을 종주하는 산책길

산책의 시작은 양원역 2번 출구로 나와 바로 눈앞에 보이는 중랑캠핑숲에서 시작한다. 말 그대로 자동차 캠핑을 할 수 있는 공원이며 가족 단위 휴식을 위한 분수와 잔디밭이 상당히 넓다. 망우산 가는 김에 살짝 들러서 분위기를 느끼는 것도 괜찮을 듯하다. 숲 한편의 둔덕에는 청보리가 바람에 한들거리며 익어 가고 있다.

망우역사문화공원에는 유관순 열사 합장비가 있으며 우리나라 근현대사

망우리공원 역사 문학 코스
망우리공원 들머리에 자리한 역사문학공원 지도.

158

에 족적을 남긴 독립운동가와 문화 예술인의 간략한 기록이 연보비로 세워져 있다. 한용운, 방정환, 이중섭, 오세창, 문일평, 박인환 등을 찾아 거닐어 보는 것도 괜찮은 선택이다.

망우는 '근심을 잊는다'는 뜻이다. 조선 태조 이성계가 자신의 묘자리를 동구릉으로 정하고 귀경하는 길에, 지금의 망우산에서 건원릉^{동구릉}을 보면서 "이제 근심을 놓았다."라고 한 데서 기원한다. 정상에 약간 못 미쳐 구리전망대에서 바라보는 풍광이 시원한 맛을 선사하여 속이 뻥 뚫리는 기분을 느낄 수 있다.

유유히 흐르는 한강 물줄기를 타고 올라오는 동풍이 코끝을 간질이는 가운데 망우산 전망대에 서면 면목동을 넘어 북한산, 남산, 강동구가 한눈에 들어온다. 여기서 하산하면 용마공원이 지척이므로 전망대까지 접근하는 가장 빠른 코스다.

용마산5보루에서
정상까지의 코스가 수려하다

다시 아차산 방향으로 길을 나서 보자. 어느 산에나 있는 깔딱고개를 올라서면 우측에 사가정공원으로 내려갈 수 있는 길이 나온다. 이 코스는 아차산 전망대까지 오르는 짧은 길이다.

왼편으로는 하늘빛을 편광시킨 짙푸른 한강을 감상하고 우측으로는 서서히 물들어 가는 노을을 보며 걷는 기분이 일품이다. 군데군데 여러 보루의 흔적을 발견할 수 있으며 지자체에서 복원한 아차산성이 지척이다. 무엇보다 남북 분단 상황에서 장쾌했던 고구려 유적을 살짝이나마 맛볼 수 있어서 좋다.

중간에 조망대를 여러 곳에 설치해 놓아 석양과 함께 시내 풍경을 감상할 수 있다. 겨우 서너 명이 들어서면 꽉 차는 조망점이라서 마치 오페라 극장의 특별 관람석에 들어앉은 듯한 기분을 느낄 수 있다.

완만한 능선 길로 이루어진 정상부는 상당히 넓고 긴 편이라 산꼭대기라는 느낌이 들지 않는다. 복원된 보루 위에 올라서서 한강을 굽어봐야만 비로서 산마루에 이르렀음을 알아차리게 된다. 야자 매트 옆으로 피어난 정강이 높이의 들꽃이 마치 모내기를 끝낸 듯한 풍경을 보여 주고 있다.

해돋이와 해넘이를 한곳에서 볼 수 있는 아차산성

정상부를 조금 지나 우측으로 빠지는 길이 긴고랑계곡이다. 아차산 생태공원에서 올라오는 경로보다 이 길이 더 짧다. 군자역에서 계곡 입구까지 마을버스(광진02)가 다니므로 접근도 무척 쉽다. 산마루에서 바라보는 풍광이 훌륭할 뿐더러 고구려정까지 이어지는 길에 조망대가 여러 곳이므로 가다 서다 구경하는 재미가 삼삼하다.

용마산5보루에서 바라본 아치울계곡과 한강 풍취
사가정공원에서 깔딱고개(용마산5보루) 까지는 약 20분이 소요된다.

망우산과 아차산의 지세는 남북으로 타원형이므로 걷다가 어느 곳으로 빠져도 된다. 지도에 표시되지 않는 길과 전망 지점이 여러 곳이다. 구리쪽 방면으로는 아치울 계곡의 풍경이 상당히 이국적이고 고구려 대장간 마을도 시선을 잡아끈다.

목장 길 따라 걷다가 만난
허브 가득한 일자산

　　　　　　강동구 일자산은 해발 높이가 겨우 130여 미터에 불과해서 노약자도 부담 없이 거닐 수 있는 산책길이다. 왼편으로는 둔촌동이 보이고 우측으로는 경기도 하남시와 맞닿아 있으며 북으로는 명일공원과 상일동산이 있다. 산의 명칭은 지세가 한 일- 자 모양으로 생겨서 붙여졌으며 산자락을 따라 길동생태공원, 허브천문공원, 강동그린웨이 가족캠핑장, 해맞이광장이 자리하고 있다.

　야트막한 동산이지만 확인된 것만 40여 종의 새들이 살고 있으므로 나름대로 의미 있는 조류 생태계를 갖고 있다. 길동생태공원에서는 아이들과 함께 조류 관찰과 자연 생태 학습을 할 수 있다. 서울시 공공서비스예약을 통해 입장할 수 있으며 매주 월요일은 휴무다.

　일자산허브천문공원은 말 그대로 여러 허브와 자생 식물이 심어져 있으며 자그마한 온실도 꾸며져 있다. 꽃밭 한가운데 있는 테이블에서 한담을 나누다가 저녁이 되면 불빛을 배경으로 분위기 있는 사진을 담을 수 있다.

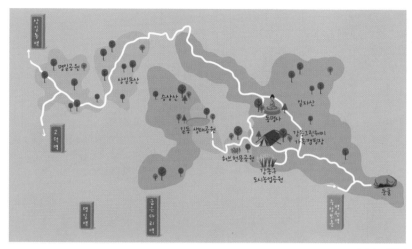

공원 내부의 티 하우스는 발코니처럼 꾸며진 전망대로서 편안한 의자에 앉아 아무 생각 없이 경치를 조망할 수 있다.

산책의 출발은 9호선 중앙보훈역에서 시작한다. 3번 출입구를 나오자마자 보성사 옆쪽 계단으로 올라가면 된다. 현재 지도상에는 둔굴이 표시되어 있지 않으나 산을 오르면 이정표가 있으니 조금만 걸으면 도착한다. 둔굴은 고려 말 문인 둔촌 이집이 신돈의 박해를 피해 잠시 머물렀던 장소다. 현재 둔촌동의 유래가 그의 호를 기리기 위한 것이다.

개혁을 추진했던 정치 동지
공민왕과 신돈

12세부터 10년간 원나라에 볼모로 잡혀 있었던 공민왕은 노국대장공주와 혼인하여 고려로 돌아온다. 의지할 곳 없었던

목장 길을 걷는 듯한 일자산
지세가 한 일(一) 자 모양이라 일자산이라 한다.

인질 생활에서 공주와 맺어진 인연은 허한 공민왕의 마음을 달래 주었다. 아울러 노국대장공주는 친원 세력의 암살로부터 공민왕을 구하기까지 하니 세상 천지에 믿을 수 있는 사람은 오로지 공주 하나뿐이었으리라.

공민왕의 초기 개혁 정치는 괄목할 만한 성과를 내었다. 원나라의 쇠퇴기에 북방 쌍성을 수복해 빼앗겼던 고려의 영토를 확장하였고 탐라를 정벌하며 왜구의 침입을 격퇴하였다. 그러나 노국대장공주가 난산으로 죽고 나자 공민왕은 실의에 빠져 국정을 등한시한다. 이때 뛰어난 언변으로 왕의 신임을 얻은 신돈은 왕사王師로 임명되어 국정을 주도한다.

그는 개혁가 혹은 요승이라는 상반된 평가를 받는 인물이다. 노비 출신으로 어려서부터 절밥을 먹어 왔던 신돈은 기득권에 물들지 않았기에 사심 없이 개혁을 추진할 수 있었다. 전민변정도감을 설치하고 권문세족이 강압적으로 **빼앗아** 간 토지를 농민에게 돌려주었으므로 문수보살의 화신으로 칭송받기도 한다.

신돈은 공민왕의 개혁 정치를 실행한 정치적 동지였으나 어느 순간 초심을 잃고 사치와 향락에 젖어 든다. 천민 신분에서 갑작스럽게 권력의 맛을 본 신돈은 부정 축재와 여러 첩을 거느리는 등 난잡한 사생활에 **빠져든다.** 임금 앞에서는 청렴결백을 말했으나 뒤로는 매관매직을 일삼았다.

기황후를 등에 업은 권문세족이자 친원 세력인 기씨 일파를 숙청하면서는 기득권의 반발이 심해졌고 백성의 인기를 한몸에 받으면서는 오만방자해진다. 기황후는 고려인으로서 몽고에 궁녀로 끌려가 원나라 순제의 총애를 받아 제1 황후의 자리에 오른 입지전적인 인물이다.

《고려사》에는 신돈이 역모를 꾀하다가 참수된다고 나오지만 개연성이 떨어지는 기록이다. 아마도 공민왕은 점점 신돈이 불편해지기 시작한 것으로 보인다. 10년에 걸친 볼모 생활은 공민왕의 성정에 큰 영향을 미쳤을 터이다. 의심이 많아져 인재를 등용하고도 스스로 내치는 일을 반복하므로 지지 기반을 쌓지도 못했다.

수차례에 걸친 친원 세력의 암살 시도와 반란은 이러한 불신을 더욱 깊게 하였으니 신돈 또한 버림 돌로 이용된 측면이 많다. 구국의 영웅 최영 장군마저 신돈의 모함으로 좌천당한 일이 실례다. 고려에 침입한 10만 명의 홍건적을 물리치고 수백 회에 이른 왜구의 침입을 격퇴하였으며, '흥왕사의 변'을 일으켜 모반을 꾀한 김용을 처단하여 공민왕을 구한 최영이었다.

신돈은 왕과 자신을 동등한 위치에 놓고 거만한 행동에 거리낌이 없었으므로 군신 관계의 문란을 놓고 여러 상소가 빗발치듯이 올라온다. 결국 그

일자산 동명사
부처님오신날을 위한 연등을 달고 있다.

는 반란 혐의를 받아 처형되었고 공민왕마저 신하에게 암살당하니 개혁은
물거품이 되었다.

목장 길 따라
고운 님 함께 거닐어

둔굴 앞에는 십여 명이 앉을 수 있게 두 군데의
덱을 꾸며 놨으며 산자락을 따라 드문드문 보이는 묘와 텃밭이 시선을 잡아
끈다. 봄철에 새순이 파룻파룻 올라올 때는 마치 목장길을 따라 걷는 듯한
느낌을 받는다.
 "목장 길 따라 밤길 거닐어 고운 님 함께 집에 오는데……" 대중가요를
한 소절 흥얼거리다 보면 어느새 동명사에 이른다. 말끔하게 세워진 건물

로 인하여 사찰이라기보다는 기숙
사 같은 분위기가 풍긴다. 서벅서벅
걸어서 천호대교 방면으로 내려오
면 강동구 화훼 단지가 있다. 길을
따라 각종 농원과 화원이 늘어서 있
으니 봄이면 양재꽃시장과 더불어
다육 식물을 찾는 사람들의 발길이
이어지는 곳이다. 매장 안 채광창을
타고 내려온 은은한 햇살과 피라미

허브천문공원에 만발한 꽃 물결
꽃양귀비를 비롯한 각종 허브를 볼 수 있다.

드처럼 쌓아 놓은 화분이 색다른 맛과 멋을 보여 준다.

참고로, 서울 시내에는 전문 꽃 시장이 5군데 있다. 강남권에서는 고속
터미널역 지하꽃상가가 이름나 있으며 가장 규모가 큰 곳은 양재꽃시장이
다. 강북에는 대도꽃상가(남대문시장)와 진양꽃상가(충무로역), 종로꽃시장
(동대문역과 종로5가역 사이)이 있다. 강서구에는 지금껏 꽃 시장이 없었으
나 최근 마곡동에 서울식물원이 개관하면서 서울 시민에게 볼거리를 하나
더 선사하였다. 뜻 맞는 지인들과 꽃 시장 투어를 해 보는 일도 좋은 추억
을 선사할 것이다.

난초골 따라
생태 공원 이어지는 길

관악산 자락의 호암산에서 뻗어 나와 도림천 앞까지 이어지는 계곡에 자리한 동네. '난초가 있는 골짜기'라는 지명으로 불리우는 난곡동은 예전에 신림동에 속해 있었으나 재개발이 이루어지면서 현재의 난향동과 난곡동으로 나뉘었다. 이 곳에는 수령이 350년을 넘었다는 느티나무 보호수와 난곡초교 앞의 굴참나무가 1,000년의 역사를 살아오고 있다.

이번 산책 경로는 난초 골짜기를 에워싸고 있는 야트막한 산길을 따라 원점으로 회귀하는 코스다.

하늘 공원에서 바라보는
풍취가 괜찮다

지하철 2호선 신대방역 1번 출구로 나와 주택가를 가로질러 호림박물관 옆 계단 오르면 산책의 시작이다. 좌측의 성보

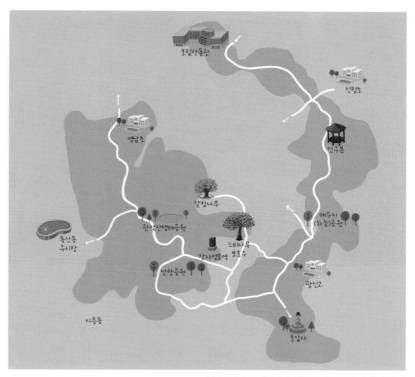

난초가 자라는 골짜기 난곡동과 난향동 일대 산책길

고교 담장이 제법 높아서 마치 보통 사람은 출입이 제한된 군부대로 들어
가는 느낌을 주지만 조금도 주저하지 말고 난곡터널 방면으로 걸어 보자.
신림초등학교가 나오면 좌·우측으로 관악구 신원동과 난곡동을 이어 주
는 생태 다리를 건너서 건우봉에 이른다. 사방으로 밀집한 아파트 단지에
난 조그마한 흙길이지만 수풀이 우거져서 상쾌한 기분을 느낄 수 있다.

　주변을 굽어보며 발걸음을 옮기면 어느덧 배수지공원(하늘공원)에 다다
른다. 이번 산책 코스에서 가장 풍광이 좋은 지점이다. 신림6배수지 위에
만들어진 공원으로 동남쪽으로 관악산이 펼쳐지고 반대 방향으로 난곡동

성보고교 담장 옆 산책로에서 바라본 호림박물관

일대가 한눈에 들어온다. 광신고교를 지나 난향동으로 내려와 길을 건너면 관악산생태공원으로 오르는 길에 정정공 강사상 묘역이 있다.

서울시 지정의 유형문화재이며 출입문을 잠궈 놓았기에 들어갈 수는 없지만 담장이 낮아서 안쪽을 훑어보는 것은 가능하다. 강사상은 선조 때 여러 관직을 거쳐 우의정까지 올랐던 인물로서 축재를 멀리하여 집 한 채도 유산으로 남기지 못했을 만큼 청렴한 생활을 했다고 전해진다.

조선을 위해
오욕을 뒤집어쓴 강홍립

난곡의 원래 이름은 이리고개狼谷였으나 어감이 좋지 않아 강사상의 장남인 강서姜緖가 자신의 호와 동네 이름을 난곡으

로 바꾸고 현재까지 이어지고 있다고 한다. 또 다른 설로는 손자인 강홍립
姜弘立이 이곳에서 유배 생활을 하며 '난초를 많이 심어서' 이름이 지어졌다는
얘기도 전해진다. 강사상이 죽고 나서 11년 뒤 임진왜란이 터지고 강홍립에
이르러서는 정묘호란이 발생하여 동북아는 전쟁의 한가운데에 있었다.

당시 중립외교를 펼치던 광해군은 조·명 연합에 따라 부차^{현재 중국 환런 만족}
^{자치현} 전투에 출정한 강홍립에게 명나라를 돕는 척하면서 후금에 투항하라
는 밀명을 내렸다. 임진왜란을 겪으면서 여진족의 부흥을 눈여겨본 광해군
은 강홍립을 중용하여 실리 외교를 펼쳤다. 큰 희생 없이 외교 수완을 발휘
한 강홍립은 이후 8년간 후금에서 억류 생활을 하며 기밀 정보를 조선으로
보냈기에 광해군은 정세를 낱낱이 파악하면서 양면 외교를 펼칠 수 있었다.

안타깝게도 사대주의에 함몰된 서인 세력이 인조반정으로 광해군을 몰
아낸 뒤 정세는 급변한다. 정권을 장악한 사대부는 여진족을 적대시하여

하늘공원에서 조망하는 난곡동 풍경
난곡동 일대를 한눈에 굽어볼 수 있는 배수지공원(하늘공원) 생태 다리.

관악산생태공원
공원에 조성된 작은 연못에 수초가 풍성하다.

후금이 쳐들어오게 만들고 다급한 인조는 강화도로 피신한다. 이때 후금과 함께 조선으로 온 강홍립이 수완을 발휘하여 양국은 '형제의 나라'로 화의가 이루어진다. 8년 만에 조선으로 돌아온 강홍립이었지만 반정 세력에 의해 배신자로 낙인 찍혀 귀양을 갈 수 밖에 없었다.

한줌도 안 되는 벼슬아치의 등쌀에 인조는 강홍립을 난곡으로 유배시켰고 귀국한지 3개월 만에 세상을 떠난다. 당시 명나라를 떠받들던 지배층은 국호를 청으로 바꾼 후금이 동아시아를 통일하는 정세를 살피지 못하여 강홍립 사후 9년 만에 병자호란을 겪는다. 그 결과 인조는 청 태종을 향해 아홉 번 머리를 조아리며 절을 하였고 형제국에서 '군신의 나라'로 굴복하고 만다. 역사에 기록된 '삼전도의 치욕'이다.

인조의 장남 소현세자와 세자빈, 뒷날 효종이 되는 차남 봉림대군, 조선 여인 50여만 명도 함께 볼모로 잡혀 청나라로 끌려간다. 우리의 불쌍한 여

인네들이 모진 수모를 겪다가 다시 조선으로 돌아왔을 때 당시 양반들은 환향녀還鄕女라는 멸칭을 쓰면서 손가락질하기 바빴다. 오늘날까지 쓰이고 있는 '화냥년'이란 비속어가 여기에서 시작되었다.

강사상 묘역 옆에는 350년 된 느티나무가 있고 난곡초교 앞에는 신림동 굴참나무가 아파트 단지 사이로 무성한 잎을 내며 햇볕을 받고 있다. 수령이 1,000년을 넘었다고 하니 산책 도중 들러 보는 것도 괜찮겠다.

느티나무 보호수
350년 된 느티나무가 한 단독주택
앞에서 녹음을 드리우고 있다.

난향공원 계단을 올라 한동안 걷다 보면 관악산생태공원에 이른다. 수초가 풍성하게 자라는 자그마한 연못 주변으로 쉼터가 꾸며져 있다.

여기서 서쪽으로 내려가면 독산동 우시장이 나오므로 부위별 소고기와 돈육을 도매가로 살 수 있다. 계속해서 북쪽으로 걸음을 옮기면 독산자연공원을 지나 영남초교와 독산고 사잇길로 하산하여 원점으로 돌아온다. 난곡동 산책은 지도에도 표시되지 않고 있는 샛길을 걷는 즐거움이 있다.

은평구 살아도
여기는 못 가 보셨을걸요?

홍제천이 휘돌아 나가며 분지를 형성하고 있는 곳에 자리한 홍은동은 위쪽으로 북한산이 병풍처럼 둘러서 있는 지역이다. 아울러 산등성이를 따라 인왕산에서 출발하는 탕춘대성이 북한산성과 이어지는 길목이기도 하다. 서쪽으로는 북한산 자락이 녹번동과 이루는 경계선이 되며 동편으로 인왕산 지세가 홍은동과 홍지동을 가르고 있다.

이번 산책 코스는 녹번역에서 출발하여 옛성길전망대를 거쳐 탕춘대성 암문을 지나 상명대부속여고로 하산하여 홍제천을 따라 옥천암으로 회귀하는 길이다. 북한산 자락이지만 산세가 완만하여 누구나 손쉽게 거닐 수 있으며 꽤 지대가 높아서 은평구 전역과 평창동 일대를 조망할 수 있다.

옥천암 마애석불
부조로 새겨진 석불을 호분으로
채색하여 품격이 느껴진다.

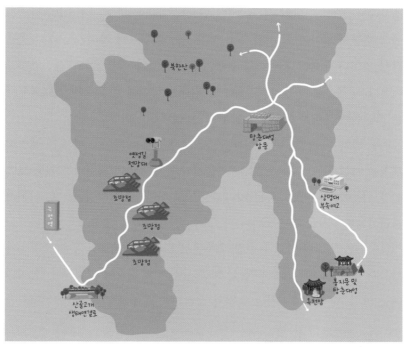

은평구와 탕춘대성을 조망할 수 있는 코스

은평구가 한눈에,
비봉이 손에 잡힐 듯

산책의 출발은 녹번역 2번 출구로 나와 홍은동 방면의 산골고개생태연결로에서 시작한다. 길을 따라 유유자적 조금만 걸으면 은평구를 조망할 수 있는 전망대가 몇 군데 이어지므로 초입부터 과객의 눈을 즐겁게 해 준다. 암반으로 이루어진 서쪽 방면은 낭떠러지를 따라 산책로를 내고 지도에 표시되지 않은 조망 지점을 여러 군데 조성해 놓았다. 천천히 걷다가 뒤돌아볼 때마다 은평구의 풍경이 점점 넓어지는 느낌이다.

차 한잔 마실 정도의 시간이 흐르면 장군바위에 다다른다. 이번 산책길에서 빼놓지 말아야 할 지점이다. 삭아 가는 이정표가 가리키는 대로 길을 잠시 벗어나 우측으로 약간만 올라가면 헬기장과 함께 탁 트인 전망대가 나온다. 동쪽으로는 홍지동과 구기동 일대를 굽어볼 수 있으며 반대편으로는 기암절벽 너머로 은평구가 한눈에 들어온다.

벼랑 위의 큰 바윗돌이 기이한 모양으로 움푹움푹 패여 있어 오랜 세월의 흔적을 여실히 드러내고 있다. 공깃돌처럼 놓여진 암석 덩어리가 언뜻 보면 산양의 등에 어부바한 거북이처럼 보이기도 한다. 흡사 사이좋은 두 녀석이 북한산으로 소풍을 가는 듯하다.

장군바위를 뒤로 하고 15분쯤 오르면 서울시에서 선정한 우수 조망소가 나온다. 여기서 바라보는 북한산 비봉 능선이 병풍처럼 펼쳐진다. 한여름에는 약간 시야를 가리지만 눈발이 날리는 겨울에 둘러보면 수묵화의 한

산양 등에 어부바 한 거북이.
장군바위터 헬기장 옆에 놓여진 바윗돌.

장면 속으로 들어온 듯한 감정에 사로잡히게 된다. 엄벙덤벙 눈 덮힌 비봉의 장쾌한 맛을 온전히 느낄 수 있는 곳이다.

이곳에서 탕춘대성 암문까지는 완만한 내리막길이 이어진다. 중간쯤에 송전탑이 나오면 낭떠러지 위로 겨우 한 사람이 설 수 있는 바위가 노출되어 있다. 발 아래로는 구기터널이 보이고 그 너머로 비봉이 손에 잡힐 듯 다가선다. 방금 지나친 우수조망소보다는 여기서 보는 풍광이 더 매력적이다.

수도 방위를 위해
인왕산에서 북한산까지 이어지는 산성

배낭을 열어 토마토 몇 개를 입에 물고 10여 분 걷다 보면 탕춘대성 암문에 다다른다. 홍제천 위에 세워진 홍지문과 탕춘대성은 조선 숙종 때 한양도성과 북한산성을 연결하던 성곽 길이다. 임진왜란과 정묘호란이라는 치욕을 겪으면서 조선은 수도 방위를 위해 산성을 축조한다. 인왕산 능선에서 시작하여 북한산 향로봉 아래까지 이어지는 5㎞ 구간으로 과거 세검정 근처에 있었던 탕춘대濤春臺에서 연유한 이름이다.

여기서 왼편으로 꺾으면 구기터널을 지나 북한산에 오를 수 있으며 우측으로 내려오면 홍지동과 구기동 일대를 조망하며 상명대로 내려올 수 있다. 전통적인 부자 동네인 구기동과 평창동의 고급 단독 주택들이 색다른 멋을 선사한다. 울긋불긋한 지붕들이 이제 막 물들기 시작한 초가을 분위기를 내고 있다.

탕춘대성 암문
한양도성과 북한산성을 연결하는
탕춘대성.

홍지문과 탕춘대성
홍제천 위에 세워진 홍지문과 인왕산에서 시작하는 탕춘대성 길.

    계속해서 진행하면 허물어져 가는 탕춘대성 성곽 길이 나오며 일부 구간은 무너질 위험이 있어 사람의 출입을 막고 있다. 성곽 오른편 소로를 타고 내려오면 상명대부속여고 옆길로 하산하게 된다.

    상명대를 관통하여 우회전하여 홍제천을 따라 걷다 보면 홍지문을 만나고 조금 더 내려가면 옥천암에 다다른다. 자그마한 암자이지만 높이 10m의 바위 한쪽 면에 부조로 새겨진 고려 시대 마애석불이 이름 나 있다. 호분胡粉, 조개껍데기를 빻아 만든 도료이자 화장품으로 채색하여 페인트 칠에서는 느낄 수 없는 품격을 느낄 수 있다.

서울 천변 벚꽃 길에서
이만한 풍경 없습니다

        1970년대 강남 개발을 통해 고급 아파트 단지가 들어선 반포동 일대는 당시 서울로 유입되는 인구를 분산하기 위해 조성된 지역이다. 동네의 중심을 반포천이 가로질러 흐르다가 한강 물줄기와 합류하고 도시 계획을 통해 들어선 고속버스터미널이 있다.

    반포3동 바로 옆에 있는 한남IC가 경부고속도로의 출발점이 되므로 서초IC와 양재IC를 거쳐 부산까지 한달음에 내려갈 수 있는 교통의 요지다. 반포동에는 독립운동에 헌신한 심산 김창숙^{1879~1962} 기념관이 자리하고 있으며 반포천을 따라 벚꽃과 조팝나무가 흰눈처럼 피어나는 산책길이 근사한 풍광을 뽐낸다.

    이번 산책은 동작역과 고속터미널역을 연계하여 반포한강공원을 따라 서래섬 유채꽃밭을 거쳐 회귀하는 경로다. 천변을 따라 나 있는 소로는 봄철이면 벚꽃 터널이 펼쳐지고 한여름에는 산림욕을 할 수 있는 숲길로 변신하며 가을이면 붉은색 옷으로 갈아입는 걷기 좋은 길이다.

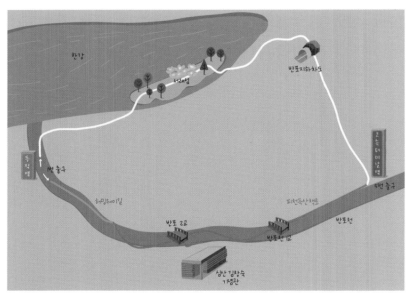

반포천 산책길

　만물이 약동하는 계절, 산책의 시작은 4호선 동작역 1번 출구로 나와 반포천을 따라 진행한다. 500여 미터에 달하는 산책로에는 물 오른 봄꽃이 한껏 모양을 뽐내고 있다. 지자체에서는 이 산책길에 허밍웨이란 이름을 붙였다. 헤밍웨이라고? 미국의 소설가와 반포동이 무슨 연관이 있을까 했더니만…… 콧노래가 절로 나오는 허밍Humming 길이란다.

　계획도시답게 길가를 따라 여러 나무를 심어 놓아 조금씩 수종이 바뀌는 것을 확인할 수 있다. 소나무, 벚나무, 메타세콰이어, 조팝나무, 아까시나무 등등. 나무들 사이로 작은 벤치가 있고 울타리는 오선지 형태로 꾸몄으며 음표를 장식해 놓았으니 허밍이란 말이 잘 어울린다.

　폐포 속 가득히 꽃 내음을 맡다 보면 이수역 교차로가 나오고 여기서부터는 피천득 산책로의 시작이다. 반포천 둑방을 따라 벚꽃 터널이 이어진다.

허밍웨이길 벚나무
동작역 1번 출구에서 시작하는 걷기 좋은 산책길.

피천득 산책길
반포천을 따라 조성된 메타세콰이어 사이로 벚꽃 잎이 눈처럼 내리고 있다.

반포천 벚꽃 터널
고속터미널역 5번 출구 초입의 벚나무 군락지.

천변을 따라서 조팝나무의 흰 물결이 빛살처럼 퍼져 나가며 개나리의 노란 물결을 덧입히고 철쭉의 분홍색이 어우러져 걷기 좋은 꽃길이 계속된다.

중간에 있는 반포2교를 건너면 심산김창숙기념관이 있으니 빼놓지 말고 들렀다 가자. 주민을 위한 문화 센터로서 독서실, 전시관, 북카페 등으로 운영되고 있다.

민족을 위해 헌신한
유림의 마지막 인물

심산은 마지막 유림의 지도자였으며 민족주의자로서 일생을 독립운동에 헌신했다. 영남의 유학자 집안에서 태어난 김창숙은 1905년 을사늑약대한제국의 외교권을 박탈하기 위해 강제로 체결된 조약을 찬성하고 승인한 을사5적이완용, 이지용, 박제순, 이근택, 권중현의 처형을 요구하는 상소를 올렸다가 옥고를 치른다.

1910년 대한제국이 일본의 식민 지배를 받게 되자 크게 낙담하여 한동안 술과 도박에 빠져 살았다. 현실에 좌절한 그를 일으켜 세운 것은 어머니의 간곡한 타이름이었다. 마음을 다잡은 김창숙은 만주로 망명하여 임시 정부 의정원으로서 독립운동에 평생을 바친다.

1926년에 김구, 이동녕 등과 함께 의열단의 고문으로서 나석주의 동양척식주식회사 폭파를 이끌어 내지만 일본인 밀정에 의해 상하이에서 체포된다. 국내로 압송되어 14년 간 감옥살이를 하게 되며 이때 일제의 모진 고문으로 하반신이 마비된 상태로 가족에게 돌아올 수 있었다.

꺾이지 않았던 그의 의지는 아들 김찬기를 임시 정부에 파견하는 등 잠행을 이어 가다가 또다시 체포되어 수감 생활을 하던 중 해방을 맞이한다. 광복 뒤 혼란한 시절, 이승만이 미군정과 친일 세력을 등에 업고 1948년 대통령에 당선되어 자유당 독재 시대가 펼쳐지던 중에 한국 전쟁이 발발한다.

당시 민족자결주의자의 입장에서 이승만에게 하야 경고문을 보냈다가 체포되어 또다시 옥살이를 한다. 3·1운동 당시 민족 대표 33인 명단에 유림이 빠진 것을 천추의 한으로 여기며 전 재산을 내놓고 성균관대학교를 세운다. 1953년에 성균관대 초대 총장에 취임하지만 이승만 정권에 기생하던 친일파의 강압으로 강제 사임하고 일체의 공직에서 추방당한다. 유학자이자 선비로서 심산은 정치적 술수를 몰랐다. 오로지 민족을 위해 활동한 의인이었을 따름이다. 불구의 몸으로 집 한 칸 마련하지 못한 상태로 친지의 집이나 여관, 병원을 전전하며 한민족을 위해 헌신하다가 1961년 5·16 군사정변 뒤 이듬해 별세한다.

흰 눈처럼 내린 조팝나무와
벚꽃 터널

피천득 산책로는 반포동에서 오랫동안 수필가로 활약했던 금아 피천득을 기리기 위해 지자체에서 만든 길이다. 대한민국 사람이라면 국어 교과서에서 〈인연〉을 읽어 봤을 테니 모르는 사람은 없을 것이다. 그의 문학 작품을 테마로 하여 아기자기하게 길을 꾸며 놨다.

능수버들 늘어진 가지 사이로 개나리가 노랗게 피고 바람에 휘날린 벚꽃잎이 반포천을 가득 메운다. 산책로 중간쯤에 도달하면 반포천2교에서 바

흰눈꽃송이를 닮은 조팝나무
반포천2교에서 바라본 조팝나무 군락.

라보는 조팝나무 군락이 마치 흰 눈처럼 시야에 가득 들어온다. 백설기 같은 하얀 꽃잎이 탐스럽게 부풀어 올라 '조로 지어 만든 밥'처럼 보인다고 해서 붙여진 이름이다.

여기서부터 고속터미널역까지 약 500m 직선 구간에는 천변을 따라 가지를 내린 나무 사이로 화사한 빛살이 들이쳐 걷는 맛을 배가 시킨다. 바닥에 깔린 꽃눈을 지르밟으며 콧노래를 부르다 보면 어느새 서울성모병원 교차로에 도착한다. 여기서 좌회전하여 15분쯤 진행하면 반포한강공원으로 내려갈 수 있는 지하차도가 나온다.

강변을 따라 한강 물줄기를 감상하며 한동안 걸으면 서래섬으로 갈 수 있다. 오뉴월이면 노란색 유채꽃이 섬을 가득 메우고 가을날이면 메밀꽃 축제가 벌어지는 현장이다. 철마다 지자체에서 각종 관상용 꽃을 식재하여 산책객을 유혹하므로 때를 맞춰 찾아보는 것도 괜찮을 듯하다.

대한민국에 묻히기를
소원한 외국인이 있습니다

한강 물이 유유히 흘러가는 밤섬 건너편 합정동에는 공교롭게도 한 뿌리를 가진 종교 성지가 이웃하고 있다. 천주교절두산순교성지에는 김대건 신부의 동상이 서 있고 그 옆으로 양화진외국인선교사묘원이 자리한다. 바로 옆 당인동에는 우리나라 최초의 화력 발전소인 한국중부발전KOMIPO 부지를 새롭게 꾸민 마포새빛문화숲이 있다.

이번 산책 코스는 양화진역사공원을 둘러보고 절두산을 거쳐 마포새빛문화숲을 구경하는 경로다. 절두산에서는 당산철교를 배경으로 사시사철 붉은 노을을 감상할 수 있으며 당인동에서는 코미포 에너지움 체험관을 통해 우리나라 발전 역사를 체험할 수 있으므로 아이들과 견학하기에 좋다.

절두산에서 바라본 당산철교 노을
흥선대원군이 병인양요에 분노하여
천주교인들의 목을 베어 절두산이라 한다.

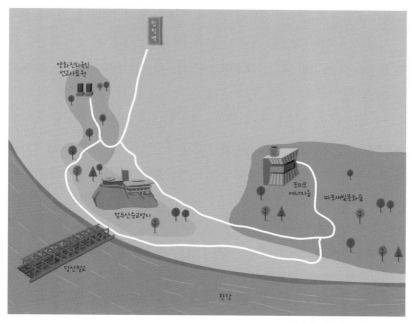

양화진-절두산-코미포 산책길

산책의 시작은 합정역 7번 출입구다. 전철 옆길을 따라서 조금만 걷다 보면 선교사 묘원으로 들어갈 수 있다. 묘석과 안내판을 보면 우리나라 독립을 위해 활약한 외국인 선교사의 생애를 간략하게나마 알 수 있다. 자신이 태어난 고국보다 이역만리 대한민국에 묻히기를 소원한 이들이다.

언더우드 가문 3대가
안장되어 있다

연희전문학교를 설립한 호러스 언더우드^{한국 이}름 원두우, Horace Grant Underwood는 미국인 선교사로서 오늘날 우리나라 개신교 장로회를 설립한 인물이다. 정동에서 가옥 한 채를 빌려 고아들을 가르쳤으며 이 시설이 연희전문학교를 거쳐 지금의 연세대학교가 된다. 조선 독립을 위해 공헌한 그를 기려 대한민국 건국훈장 대통령장을 수여했으며 이곳에 뼈를 묻었다.

원두우의 아들 원한경Horace Horton Underwood은 3·1운동과 제암리 사건을 알리다가 일제에 의해 옥고를 치루고 강제 추방당하지만 해방 뒤 통역관으로 귀국하여 대한민국을 위해 헌신한다. 원한경의 세 아들원일한, 원재한, 원득한은 한국 전쟁에 참전했으며 특히 원일한Horace Grant Underwood Jr.은 5·18 광주민주화운동의 실상을 세상에 알렸다. 그 역시 전두환 군사 독재 정권에 의해 강제 추방을 당했다가 복권되어 영원한 한국인으로 남았다.

원일한의 장남인 원한광Horace Horton Underwood Jr.은 연세대학교에서 30년간 교수로 재직하면서 후학을 길러 냈으며 2005년 귀국하여 한국을 위해 자기

언더우드가 묘비
언더우드 가문 3대가 안장되어 있다.

가 해야 할 일을 하고 있다. 동생인 원한석^{Peter F. Underwood}은 대한민국에서 경영 컨설턴트로 일하고 있으며 방송과 연세대 홈페이지, 박물관 유튜브를 통해 자신의 근황을 알리고 있다.

조선 독립과
한글 대중화에 헌신하다

호머 헐버트^{Homer B. Hulbert}는 선교사이자 교육자로서 우리나라 독립을 위해 공헌했다. 다수의 논문과 영문 잡지 기사를 통해 한글의 우수성을 세상에 알린 인물이기도 하다. 조선 최초의 근대식 학교인 육영공원과 배재학당, 관립중학교^{현 경기고등학교}, 한성사범학교^{현 서울대학교}에서 학생들을 가르쳤다.

배재학당 출신인 서재필, 주시경과 함께 독립신문을 창간하고 한글 보급과 발전에 이바지하여 오늘날 우리가 쓰는 띄어쓰기, 쉼표, 마침표를 도입했다. 그는 1895년 을미사변 이후 고종 황제를 호위하면서 자문 역할을 맡아 서방 국가를 향한 외교 창구 역할을 해 왔다.

고종의 두터운 신임을 얻어 대한제국의 특사로 임명되어 1907년 헤이그 밀사 파견을 이끌어 낸 장본인이기도 하다. 헐버트는 네덜란드 헤이그에서 열린 만국평화회의에서 을사늑약이 일제의 강압에 의해 이루어진

호머 헐버트 묘비
한평생 한민족을 위해 헌신한
헐버트 박사를 기린다.

것임을 알리고자 했다. 고종의 친서를 갖고 이준, 이상설, 이위종과 함께 회의장에 들어가려 했으나 일제의 방해로 무산되고 추방당한다.

광복 뒤 1947년 이승만의 초청으로 87세의 노구를 이끌고 대한민국에 들어올 수 있었다. 이 여행에서 폐렴을 얻어 별세하면서 한국에 묻히고 싶다는 유언에 따라 양화진에 안장되었다. 이곳에는 태어난 지 1년 만에 죽은 아들 셸던Sheldon Hulbert도 같이 묻혀 있다. 그의 묘비는 1949년에 세워졌고 이승만이 묘비명을 쓰기로 하였으나 흐지부지되었다. 50년이나 지난 1999년 헐버트 박사 50주기 추모식에서 대한민국 제15대 대통령인 김대중의 휘호를 받아 채워진다.

대한제국 애국가를
작곡하다

독일 귀족 출신으로 대한제국 육군 군악대를 창설한 프란츠 에케르트한국 이름 예계로, Franz von Eckert 가문 역시 3대에 걸쳐 한민족을 위해 봉사했다.

헐버트가 창간한 영어 잡지 코리아 리뷰 2월호에는 '대한제국 정부는 일본에서도 20년간 활약한 바 있는 프란츠 에케르트의 공헌과 한국인의 음악 재능이 합쳐져 훌륭한 시위군악대가 만들어질 것으로 의심의 여지가 없이 기대하고 있다.'라는 기사를 냈다. 그는 대한제국 양악대를 창설하고 탑골 공원에서 정기 공연을 하며 대한제국 애국가를 작곡했다.

고종 황제의 50회 생일을 맞이하여 경운궁에서 군악대 연주가 열렸으며 외교 사절들의 극찬을 받으며 우리나라에 서양 음악의 씨앗을 뿌렸다. 안타깝게도 대한제국 애국가는 을사늑약으로 금지되었고 친일파 안익태가 작곡한 애국가를 지금도 우리나라 국민이 부르고 있다.

고종으로부터 '태극3등급훈장'을 수여받은 그는 후진 양성에 힘을 쓰다가 위암으로 별세한다. 큰 딸 아말리Amalie Eckert는 서울에서 프랑스어를 가르치던 에밀 마르텔Emile Martel과 결혼하여 딸 마리 루이즈Marie Louise Martel를 낳았다. 광복 뒤 에밀은 대한민국에서 생을 마감했으며 아말리는 고국으로 돌아갔다. 손녀 딸 마리는 한국으로 돌아와 베네딕트 수도원에서 수녀로 살면서 한민족을 위해 봉사했다.

프란츠 에케르트의 첫 제자였던 백우용은 우리나라 최초의 오케스트라인 '경성음악대'를 조직하여 정기 연주를 이어 갔으며 이는 뒷날 서울시립교향악단의 모체가 된다. 2022년 독일 주재 한국문화원은 대한제국 애국가 제정 120주년 기념 공연을 에케르트의 조국 독일에서 초연했다.

예계로 묘비
대한제국 애국가를 작곡한 프란츠 에케르트.

천주교인의 머리를 자른
순교 성지

'천주님 앞에 모든 인간은 평등하다'는 가톨릭의 교리는 당시 신분제 사회에서 권력자들이 결코 받아들일 수 없는 이념이었다. 권력을 잡은 흥선대원군은 병인박해로 프랑스 신부와 천주교 신자 수천 명을 처형한다. 이를 구실로 프랑스 군함이 강화도를 점령하고 양화진까지 올라와 통상 수교를 압박하자 전투는 피할 수 없었다.

프랑스군은 강화도를 파괴하면서 병인양요를 일으킨다. 이때 훔쳐 간 외규장각도서(조선왕조의궤)는 145년이 지난 2011년에 반환되었지만 명목상 소유권은 아직도 프랑스가 가지고 있다. 병인양요에 분노한 대원군은 양화진 바로 옆의 잠두봉에서 수많은 천주교인을 참수한다.

절두산순례성지 조형물
이름마저 순교자의 아픔을 간직하고 있다.

이후 잠두봉은 '머리를 자른 산'이라는 의미로 절두산이 되었고 100년이 지난 뒤 천주교순교성지로 거듭난다. 이곳 박물관에서 그날의 역사를 살펴볼 수 있으며 성당에서는 여전히 미사가 이루어지고 있다.

절두산에서 당산철교를 바라보면 그날의 핏빛 하늘처럼 붉은 노을이 진다. 순교성지를 나와 한강 변을 타고 잠시 걷다 보면 마포새빛문화숲 한편에 있는 코미포^{한국중부발전} 안의 에너지움을 견학할 수 있다.

서울 외곽 아기자기한 공원 13곳,
산책하기 좋습니다

강남구 대모산 동남부에 형성된 세곡동과 율현동 일대는 아기자기하게 조성된 공원만 13곳에 이른다. 2010년에 그린벨트가 해제되면서 조용했던 전원주택 단지가 아파트 숲으로 개발되어 가고 있다. 이에 따라 많은 공원이 조성되었으며 이 중 율현공원은 동네 주민이 가장 많이 찾는 제법 규모가 큰 녹지 공간이다.

탄허기념불교박물관
형형색색 연등이 박물관 내·외부에
자리하고 있다.

이번 산책 코스는 대모산 자락을 타고 숲길로 이어진 공원을 지나 탄허기념불교박물관을 둘러보고 세곡공원으로 내려와 율현공원까지 이어진다. 수서역 6번 출구로 나와 곧바로 대모산으로 올라도 되지만 세곡동 방향으로 운행하는 버스를 타고 두 정거장 지나 쟁골마을에서 시작하는 방법을 추천한다.

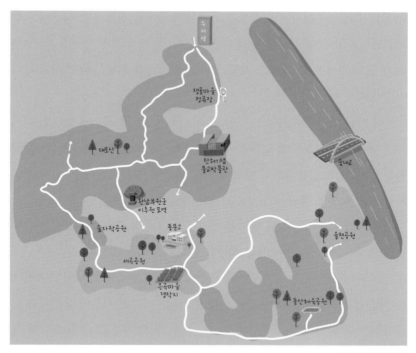

세곡동 일대 산책길

조금만 걷다 보면 탄허기념불교박물관이 나오며 볕 좋은 날이면 유리창 사이로 들어오는 빛살이 따스하기 그지없다. 박물관 내·외부에 각종 연등이 불을 밝히고 있으므로 들여다보는 재미가 삼삼하다.

인재 양성에 힘쓰며
불경 한글화에 매진하다

천도교 신자인 율재 김홍규는 항일 독립운동 자금을 상해 임시 정부와 독립운동가에게 전달하는 일을 맡았다. 3·1 운동 당시 독립선언서와 독립신문을 인쇄하여 옥고를 치뤘으나 86년이 흐른 2005년이 되어서야 건국 포장을 추서받는다. 일제의 모진 고문으로 큰 병을 얻은 그였지만 한약 제조 사업으로 일군 거금을 백범 김구에게 전달하며 한민족을 위해 공헌한다.

둘째 아들 김금택의 재능을 알아보고 당시 기호학파 제16대 종가인 이극종의 데릴사위로 보내어 한학을 통달케 한다. 구도자의 길을 가고자 했던 젊은 날의 탄허 김금택은 오대산 상원사 방한암 선사의 명성을 전해 듣고 서신 왕래를 통해 불교와 첫 인연을 맺는다.

조계종 초대 종정을 지낸 방한암 스님은 근대 한국 불교를 대표하는 승려로 보조국사 지눌의 선 사상을 계승한 인물로 추앙받고 있다. 탄허는 17세에 결혼하여 자식을 둔 상태였으나 방한암 스님을 스승으로 모시고 22세에 출가한다. 상원사에서 15년 동안 수행정진하며 여러 승려들에게 불경을 강의하는 한편 번역에 힘을 쏟는다.

43세 때 월정사 조실로 추대되어 오대산 수도원을 설치하고 불교와 사회 전반에 걸쳐 인재를 양성하는 일에 매진한다. 아울러 조계종 초대 중앙역경원 원장을 지내면서 팔만대장경의 한글화 작업에 몰두한다. 그의 나이 55세에 이르러서는 신화엄경합론新華嚴經合論의 10년에 걸친 한글 번역을 마친다.

원전 화엄경 80권은 무려 11조 글자에 이르며 원고지로는 6만 여 장이나 되는 전무후무한 양이다. 쉼 없는 정진으로 다수의 경전을 번역하여 간행한 탄허 김금택은 1982년 70세로 입적한다. 이듬해 국민훈장이 추서되었고 2010년에는 탄허기념불교박물관이 자곡동에 세워진다.

탄허 스님의 노장 철학 강의는 오늘날까지도 세인의 입에 회자되고 있다. 과거 중학교 교과서에 '몇 어찌' 수필로 등장하는 양주동 박사와 함석헌 선생도 스님의 장자 강의 수강생이었다. 한문이라면 스스로를 무불통지無不通知,

탄허기념불교박물관
불경의 한글화 작업과 인재 양성에 힘쓴 탄허 스님을 기린다.

무슨 일이든지 환히 통하여 모르는 것이 없다라 여겼던 양주동은 탄허 스님의 강의를 듣고
오체투지五體投地, 먼저 두 무릎을 땅에 꿇고, 두 팔을 땅에 댄 다음 머리가 땅에 닿도록 절을 한다로 절을
했다고 한다. 다음은 한겨레 '오대산 탄허선사'에 나오는 내용이다.

　자칭 국보로 거칠 것이 없던 양주동은 탄허보다 10년 연상으로 오대산에
와서 탄허에게 절을 받았다. 그러나 일주일 뒤 장자 강의가 끝난 뒤엔 오체
투지로 탄허에게 절을 했다. 동국대로 돌아온 양주동은 강의 시간에 "장자
가 다시 돌아와 제 책을 설해도 오대산 탄허를 당하지 못할 것"이라고 했
다. [한겨레 2005]

찾는 이가 적어
호젓한 산책길

박물관을 나와 대모산 자락을 타고 올라 보자. 완만한 경사를 따라 녹음이 짙어 간다. 이쪽 방면은 찾는 사람이 적어 지난 겨울의 낙엽이 아직까지도 수북이 쌓여 있어 바스락거리며 산책객을 유혹한다. 중간쯤에 이르러 이정표를 따라 숲자락근린공원으로 하산하면 세곡공원을 거쳐 돌산체육공원 너머로 율현공원까지 갈 수 있다.

나즈막한 능선 길을 조금 걷다 보면 몇 그루의 커다란 소나무가 길게 가지를 내린 은곡마을 경작지가 나온다. 완만한 구릉지를 따라 선사 시대 무덤군이 산재하고 있는 곳이다. 디지털강남문화대전에 수록된 정보를 보면 현재에도 뗀석기를 포함한 토기와 기와편 같은 유물이 수습되고 있다.

은곡마을
선사시대 유물이 출토되고 있는 지역.

율현공원
탄천과 맞닿아 있는 율현공원의 홍수방지 제방길.

비닐하우스가 밀집한 시골길을 넘어가면 율현공원으로 이어진다. 탄천
이 휘돌아 가는 천변을 마주하며 조성된 연못에는 시원한 물 분수가 뿜어
져 나오며 한가운데에 세워진 로즈 가든에서는 오뉴월이면 장미꽃이 한껏
자태를 뽐낸다. 아직까지는 서울 외곽 지역이라 찾는 이가 적기에 호젓한
산책을 즐길 수 있다. 탄천을 가로지르는 숯내교를 건너면 송파구 문정동과
위례동으로 이어진다.

초의와 추사의 만남에 나온 이것……
일상다반사랍니다

       수도권 지하철 4호선 끝자락에 위치한 수락산은 서울의 최북단에 자리하여 위로는 경기도 의정부시와 남양주시에 걸쳐 있으며 남으로는 불암산과 이어진다. 수락水落산은 이름에서 짐작할 수 있듯이 멋드러진 계곡과 기묘한 바위를 타고 물이 떨어지는 모습이 산책객의 눈을 즐겁게 하는 곳이다.

  이번 산책 경로는 당고개역에서 출발하여 학림사를 거쳐 수락산 보루로 내려오는 길이다. 학림사까지는 포장도로를 타고 편하게 갈 수 있으며 회귀하는 능선 길에서는 좌우로 펼쳐지는 도봉산, 북한산, 불암산 지세를 구경하는 재미가 그윽하다. 당고개역 5번 출구로 나와 주택가를 통과하여 당고개하늘공원을 지나면 이정표가 나온다. 자동차가 겨우 한 대 정도 지나갈 수 있는 포장길이 학림사까지 이어지므로 주변 경관을 훑으며 한동안 걷다 보면 어느새 목적지에 다다른다. 길 옆으로 영천선원과 석가사가 있으므로 가는 길에 들렀다 가자. 제법 지대가 높기에 전각 위에 올라 뒤돌아

학림사
연등, 고목, 전각이 어우러진 학림사 경내.

서서 불암산을 바라보면 그럴듯한 경치를 볼 수 있다.

　학림사 경내로 들어가기 전 오른편 계단 위에는 늘어진 소나무 사이로 약사전이 자리하고 있다. 소박한 돌부처를 안치해 놓았으니 빼놓지 말고 둘러볼 일이다. 학림사는 상당히 규모가 큰 나한도량으로서 가지각색의 표정과 몸짓을 한 오백나한이 봉안되어 있다. 108계단을 따라 해탈문으로 들어서면 사찰 마당의 한가운데에 미륵불이 서 있고 자태가 늠름한 노송이 사바세계를 굽어보고 있다.

학림사에서 초의와
추사가 첫 만남을 갖다

　　　　학림사는 초의선사와 추사 김정희가 평생의 인연을 맺은 장소이기도 하다. 당시 이곳에는 선종과 교종 모두에 통달하

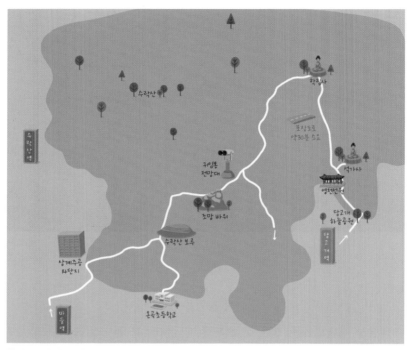

학림사에서 귀임봉을 거쳐 수락산 보루로 이어지는 산책 코스

여 총림의 으뜸이었던 해붕대사가 잠시 머무르고 있었다. 다재다능했던 그는 범패, 바라춤, 탱화, 범어에도 능했으며 한국 전통 다맥茶脈을 이어 온 인물이기도 하다.

그의 명성을 전해 들은 30대의 혈기왕성한 김정희가 눈길을 헤치고 해붕대사를 찾아와 공空과 깨달음覺에 대한 격론을 벌인다. 이때 초의선사가 해붕대사를 스승으로 모시고 수행을 하고 있었으니 동갑내기였던 두 사람은 이후 절친이 되어 서로를 드높인다.

추사가 제주도 유배 생활을 할 적에는 손수 만든 차를 들고 서너 차례 방문하여 그를 위로했을 정도로 인연이 남달랐다. 유배가 풀려 서울로 돌아왔을 때는 초의선사를 초청하여 2년 동안 벗하며 지냈다. 입적한 해붕대사의 초상화에 찬사의 글을 쓴 것도 김정희다. 기이한 세 사람의 인연은 초의선사가 쓴 제해붕대사영정첩題海鵬大師影幀帖에 잘 드러나 있다.

학림사 경내의 사천왕상

50대에 이른 초의선사가 일지암에 머무르고 있을 때에는 소치 허련이 찾아와 가르침을 받았다. 초의는 그를 김정희에게 보내어 사사토록 하였고 당대의 지식인들과 폭 넓은 교류를 하도록 이끈다. 뒷날 허련은 화가로서 대성하여 헌종 임금의 초상을 그리게 된다.

우리나라 차 문화를
집대성

초의선사와 다산 정약용 과의 교류도 빼놓을 수 없으니 그가 강진에서 유배생활할 때 인연을 맺었다. 정약용은 귀양살이를 하면서 백련사 주지 혜장 스님을 통해 불교를 접했고 차에 대한 식견을 넓힐 수 있었다. 인물은 인물을 알아보는 법, 혜장 스님의 주선으로 초의와 다산의 교류가 시작된다. 뒷날 초의선사는 《동다송東茶頌》을 저술하여 우리나라 차 문화를 집대성하고 헌종은 이를 기려 대각증계보재존자초의선사大覺登階普濟尊者艸衣大宗師라는 시호를 내린다.

한국 전통 다맥은 삼국 시대로 거슬러 올라간다. 《삼국유사》〈가락국기〉에는 인도 공주 허황옥이 금관가야로 시집을 오면서 차를 가지고 왔다고

귀임봉 아래 조망 바위
수락산 보루 못 미처 바위 전망대에서 바라본 풍경.

전한다. 차는 정신을 맑게 해 주므로 왕실과 불가의 수행자를 중심으로 퍼
져 나간다. 《삼국유사》에 이르기를 당시 신라인들은 말차가루차를 널리 애음
하여 '차를 밥 먹듯 한다.' 하여 '일상다반사'라는 말까지 생겼을 정도다.

고려 시대에 이르러서는 차살림이 가장 융성하였으며 조선에 와서는 차
례茶禮로 발전한다. 이후 숭유억불 정책으로 차 문화가 쇠퇴함에도 다맥을
전승하여 온 인물이 해붕대사와 초의선사다.

추사는 수시로 초의선사에게 서신을 보내 차를 청했으며 답례로 일로향
실—爐香室이란 편액을 써서 보냈다. 한자를 풀어내면 '화로 하나 있는 향기
로운 다실'이란 뜻이며 송달 임무는 당연히 소치가 맡았다. 추사의 글씨는
오늘날 두륜산 대흥사 천불전에 걸려 있다.

고구려의 흔적이 남아 있는
수락산 보루

　　　　　　이번 산책길에서 가장 경치가 볼 만한 코스가 학림사에서 수락산 보루까지 이어지는 능선 길이다. 우측으로는 도봉산과 북한산이 병풍처럼 자리하고 서편으로는 불암산이 호응하고 있다. 탁 트인 경치를 감상하면서도 좌우에 시립한 산세를 둘러보는 재미가 삼삼하여 도무지 지루할 틈이 없다.

　귀임봉에 다다르면 전망대가 마련되어 있어 수락산 지세를 살펴볼 수 있다. 넓은 시야가 펼쳐지기는 하지만 도봉산 방향은 살짝 시야를 가려서 약간 아쉬운 경치다. 여기서 30여 미터 떨어진 조망 바위에서 바라보는 풍광이 더욱 근사하다. 도봉구와 노원구를 한눈에 굽어볼 수 있으며 미세먼지 없는 맑은 날에는 남산 너머 관악산까지 시야에 들어온다.

수락산 보루
금계국이 피어난 수락산 보루의 청명한 하늘.

정면에는 수락산 보루가 **빼꼼히** 고개를 내밀고 있으며 우측으로 고개를 돌리면 도봉산 뒤쪽으로 지는 노을이 타는 듯 저물어 가며 암반을 감귤색으로 물들인다.

수락산 보루는 한강을 놓고 각축을 벌이던 5세기 경 고구려의 유적지다. 아차산과 경기도 구리시 일대에 축성되어 한강 일대를 방어하던 17개 보루군의 하나다.

지자체에서 지속적인 복원을 하고 있지만 대부분 수락산 둘레길 코스를 걸으므로 아는 이가 적다. 보루를 등지고 왼편으로 내려오면 온곡초등학교이고 우측으로 **빠지면** 지도에는 표시되지 않는 소로를 따라 지하철 7호선 마들역으로 갈 수 있다.

/ 3장 /

가을 편

황금 고릴라가 지키는
돈의문

지하철 3호선 독립문역 우측으로 인왕산과 북악산이 자리하며 그 품속에 경복궁을 감싸 안고 있다. 왼편에 있는 안산은 조선 시대에 황해도와 평안도의 상황을 봉홧불로 받아 조정에 전달하는 마지막 전령이었다. 안산과 인왕산 사이의 고갯길을 무악재라 하며 범과 도적이 출몰하기 때문에 10명 이상이 모여야만 고개를 넘을 수 있었다고 전해진다. 서풍 때문일까? 지금도 무악재를 지나면 여름에도 서늘한 기운이 느껴진다.

안산의 지리적 위치는 경복궁을 보호하는 별동대 같은 산이라고 할 수 있다. 높이는 남산과 엇비슷하여 300미터가 채 안 되고 면적은 절반만 하다. 안산 둘레를 정비하여 산책로를 만들었으니 이를 안산자락길이라고 한다. 길이 험하지 않고 총길이는 7㎞ 남짓한 둘레길이라서 온 가족이 함께 걸어도 괜찮을 듯싶다.

이번 산책기는 안산 주변 탐방이다. 산자락을 따라 아기자기한 볼거리가 조성되어 있어 곳곳을 살펴보는 재미가 있다.

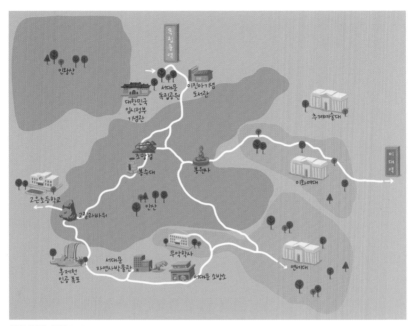

안산 주변 산책 코스

출발 지점은 지하철 3호선 독립문역 5번 출입구다. 서대문독립공원 안에 있는 독립문은 서재필이 주도해서 세웠으니 프랑스의 개선문에서 영감을 받은 건축물이다. 간단한 내력을 보자면 조선 시대 때 명나라 사신을 맞이하기 위해 지금의 서대문돈의문 근처에 모화관慕華館을 세운다. '중국華을 흠모한다'는 뜻이므로 사대주의 발상이다. 이에 독립협회가 나서서 건물을 허물고 독립문을 건립한다.

불행한 근현대사를 거치면서 이 일대를 서대문독립공원으로 꾸몄으며 그 안에 서대문형무소역사관이 있다. 일제 강점기 시절에는 김좌진 장군, 유관순 열사, 손병희, 한용운 등등 3천여 명의 독립운동가를 수감했던 치욕의 장소다. 해방이 되고 나서도 군사 독재 정권이 이어지면서 수많은 사람이 옥고를 치뤘다.

서대문독립공원 바로 옆에는 2022년에 개관한 국립대한민국임시정부기념관이 있으니 빼놓지 말고 들러 보자. 소로를 타고 오르면 안산 봉수대가 지척이다. 깨끗한 화장실이 곳곳에 있으며 약수터, 정자, 쉼터도 여러 군데다. 운동 시설과 북까페 같은 주민 편의 시설이 잘 구비되어 있다.

지루하다 싶으면 덱Deck길이 나오고 자박자박 걷다 보면 전망대를 거쳐 어느새 정상에 다다른다. 산마루 봉화터에서 바라보는 풍광이 시원스럽다. 북향으로 불광동 넘어 북한산이 우뚝 서 있고 뒤돌아서면 한가람 물줄기를 따라 강서구와 영등포구를 조망할 수 있다.

안산으로 오르는 초입에서 바라본 서대문형무소역사관

안산 봉수대에서 바라본 강서구 풍광

수문장 고릴라가
돈의문을 지킨다

봉수대를 뒤로하고 홍제동 고은초등학교 방면
으로 걸음을 옮기면 삼거리 갈림길에서 수문장 고릴라가 돈의문(서대문)을
지킨다. 앞에서 보면 흔한 바위지만 옆에서 관찰하면 긴 팔을 땅에 늘어뜨
리고 서대문을 지키고 있는 형상이다. 해가 낮게 깔리는 오후 시간대에 노
을빛 사광을 받으면 고릴라의 이두박근이 더욱 두드러진다. 황금 고릴라는

이렇게 당당한 모습으로 서풍을 막고 있다.

산책로를 따라 진행하면 박두진 시비를 거쳐서 너와집지붕을 일 때 기와처럼 쓰는 얇은 돌 조각이나 나뭇조각 물레방아를 재현해 놓은 홍제천인공폭포가 나온다. 이 길을 따라 벚꽃이 많이 식재되어 있어 봄철이면 사람들이 즐겨 찾는다. 계속해서 서대문구청을 끼고 남향하다 좌측 언덕길 위를 보면 서대문자연사박물관이 있다. 입구에 아이들이 좋아할 만한 공룡 조형물과 놀이터가 있으니 구경하고 가자.

포개어진 세 개의 바위
석양빛에 물들어가며 이두박근이 튼실한
황금색 고릴라를 연상시킨다.

박물관을 뒤로 하고 한 정거장 정도 발걸음을 옮기다가 왼편의 서대문소방서 길을 따라 들어서면 연세대학교 후문이 나오고 무악학사에 다다른다. 안산 쪽으로 심어진 메타세콰이어 길이 상당히 근사하여 달력에 어울릴 만한 사진을 담을 수 있다. 겨우 백여 미터에 불과하지만 은은한 조명이 길을 밝히므로 괜찮은 야경을 찍을 수 있다.

연세대학교와 이화여자대학교는 고종 황제 때 기원하여 서방 선교사의 주도로 발전하였다. 건물이 옛스러워 마치 18세기 유럽에 있는 마을에 온 듯한 착각을 불러일으킨다. 캠퍼스 한 편에는 설립자인 언더우드H.G. Underwood 가족이 살던 집이 있으며 이를 기리기 위하여 박물관을 세우고 언더우드가家 기념관으로 조성했다. 공휴일에는 열지 않으며 관람 시간은 9:30~17:00까지다. 또한 교내 한복판에 있는 노천극장 뒤편 언덕에는 천문대가 자리한

연대 후문 메타세콰이어 길
달력에 어울릴 만한 야경 사진을 담을 수 있다.

다. 거대한 전파망원경의 위용을 맨 눈으로 확인할 수 있는 기회이므로 온 김에 둘러보아도 좋으리라.

매년 현충일에 거행되는
봉원사 영산재

다시 안산 방향으로 걷다 보면 봉원사에 이른다. 우리나라 사찰 중 대부분이 조계종 산하이나 봉원사는 태고종의 총본산이다. 동국대학교 〈법보신문〉에 따르면 전통 사찰의 약 80퍼센트가 조계종이며 태고종은 10퍼센트 내외다. 봉원사는 그 연원이 신라 시대 진성여

왕 때까지 올라가는 오래된 사찰이다.

신라 도선국사가 처음 지었으며 고려 공민왕 시절에 보우 스님이 중창하였으나 조선 선조 때 불타 소실되고 서기 1748년 영조가 봉원사라 친필을 써서 현액하였다고 전해진다. 이후 한국 전쟁을 거치는 등 수많은 우여곡절 끝에 지금에 이르렀다. 태고종의 본산답게 유네스코 인류무형문화유산으로 등재된 영산재가 이름나 있다. 매년 6월 6일이면 영산재 의식이 거행된다.

봉원사를 나와 남쪽 아현동 방면으로 진행하면 우측에 이화여대 연구협력관이 나온다. 안으로 들어가면 고풍스러운 건물이 연세대학교의 분위기와 유사하다. 특히나 진선미관은 단풍과 함께 분위기가 고즈넉하다. 그 옆의 전통 한옥인 아령당도 눈길을 끄는 곳이다. 볕 좋은 가을날, 외국인 관광객이 드나들 때는 수많은 인파가 몰리기도 한다. 휘휘 둘러서 정문으로 나오면 이번 산책길의 종착지인 지하철 2호선 이대역이 보인다.

이대의 전통 한옥인 아령당의 단풍
진선미관과 함께 옛스러운 분위기가 고즈넉하다.

노원구의 진경산수화 산책길, 불암산

1988년 도봉구에서 행정구역이 분리된 노원구는 옛 지명인 경기도 양주군 노원면에서 유래한 이름이다. 노원구의 절반 정도를 차지하는 수락산과 불암산을 나누는 고갯길을 당고개라 한다. 예전부터 성황당과 미륵당이 여러 곳에 산재해 있었기에 지어진 명칭이다. 당고개역 아래쪽으로 상계동과 중계동, 공릉동에 걸쳐있는 불암산 자락에는 태릉과 강릉, 서울과학기술대, 서울대, 삼육대, 육군사관학교가 모여 있다.

보물로 지정되어 국립중앙박물관에 소장되어 있는 단원 김홍도의 '시주'는 과거에 '점괘'로 잘못 알려졌던 작품이다. 이 풍속화에는 고깔을 쓴 비구니와 송낙松蘿을 착용한 비구승이 나온다. 송낙 또는 송라립松蘿笠은 삿갓 형태의 모자로서, 얼핏 보기에는 짚으로 엮은 것 같지만 실상은 '소나무겨우살이'란 기생식물로 만들었다. 바위나 소나무에 붙어서 자라는 지의류로서 불가에서는 청빈한 구도의 삶을 의미한다.

불암산佛巖山은 암반과 수목의 어우러짐이 마치 송라립을 뒤집어 쓴 부처

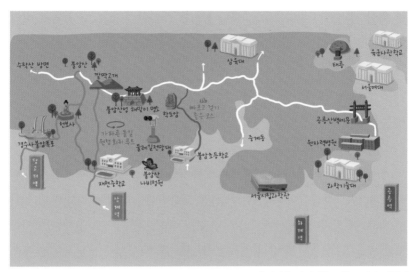

송라립을 뒤집어쓴 듯한 불암산 산책길

를 닮았다고 하여 이름지어졌다. 멀리서 정상부를 보고 있으면 기가 막히
게 어울리는 명칭이다. 불암산의 해발 높이는 약 500m이며 정상까지 2시
간 정도가 소요된다. 등산을 즐기는 사람이라면 수락산과 연계된 산행을
하는 것도 좋을 것이며 부담 없는 산책에 만족하고 싶다면 공릉동에서 시
작하는 코스를 추천한다. 경사가 완만한 흙길이라서 무리 없이 둘러볼 수
있어서 좋다. 산책은 원자력병원 앞 공릉산백세문에서 출발하여 북진한다.

 지하철 7호선 공릉역 2번 출입구로 나와 지선버스 1136번을 타거나 도보
로 15분 정도면 원자력병원에 도착한다. 오솔길을 따라 각종 나무가 가지
를 내리고 있어서 뜨거운 햇볕을 막아 주므로 사시사철 어느 때 걸어도 좋
은 길이다. 차 한잔 마실 정도로 걷다 보면 조그마한 전망대와 함께 삼거리
가 나온다. 여기서 우측으로 빠지면 삼육대학교로 내려가서 제명호를 둘러
볼 수 있으며 왼쪽 길을 택하면 서울시립과학관을 관람할 수 있다. 어린이

를 위한 여러가지 과학 프로그램과 전시를 체험할 수 있으니 가족과 찾기에 괜찮은 장소다.

14m 암반에 새겨진
관음보살상

정상을 향해 조금 더 가다 보면 학도암으로 내려갈 수 있는 갈림길이 나온다. 이 산책로에서 빼놓지 말아야 할 곳이 있다면 바로 이 암자다. 능선에서 5분 정도만 내려가면 되므로 진행을 방해하지도 않는다. 학도암까지 가장 빠르게 접근할 수 있는 경로는 불암초등학교에서 올라오는 길이다. 약 400m 정도면 도달하므로 엎어지면 코 닿을 정도로 가깝다. 학도암은 자그마한 암자로서 대웅전과 3채의 전각이 전부지만 탁 트인 풍광과 함께 화강암벽에 새겨진 관음상이 인상적인 곳이다.

불암산 학도암 마애관음보살좌상
대웅전 뒤편 바위에 새겨진 관음보살상으로 서울시 유형문화재 제124호.

불암산을 찾는 사람 대부분이 정상과 불암사를 자주 찾으며 이쪽으로 오는 이는 비교적 적은 편이다. 경내의 안내판을 보니 17세기에 무공 스님이 창건하였으며 조선 고종 때 벽운이 중창하였다고 전한다. 한국 전쟁으로 소실되었으나 1965년에 주지 김명호가 다시 세워 오늘까지 이어지고 있다. 대웅전 뒤편으로 돌아가면 커다란 암벽에 돋을새김한 마애관음보살좌상이 속세를 굽어본다.

학도암
경내에 있는 돌부처는 허리를 굽혀
작은 입구를 지나야만 볼 수 있다.

이 불상은 명성왕후의 발원으로 조성되었다고 하며 현재는 서울시 유형문화재 제124호로 지정되어 있다. 바위의 크기가 약 14미터에 달해서 웅장한 맛이 나며 단단하기 이를 데 없는 화강암에 유려하게 새겨진 석공의 손길이 물씬 느껴진다. 큰 조형물을 아래에서 위를 바라보면 얼굴이 작아보이기 마련이므로 이런 원근감을 고려하여 두상을 약간 크게 새겼다. 경내 앞 바위에는 돌부처를 앉혔고 이를 보기 위해서는 허리를 굽혀서 입구를 지나야 한다. 그 위에 하심下心이라고 적어 놨으니 겸손하라는 뜻이다.

학도암을 뒤로 하고 능선 길을 따라 오르면 깔딱고개를 넘고 거북바위를 지나 불암산 꼭대기에 다다른다. 이곳 정상까지는 여러 경로에서 접근할 수 있

불암산 최정상의 풍경
휴일을 맞아 불암산 정상에 오른
사람들이 서울 시내를 내려보고 있다.

불암산에서 바라본 서울 풍경

불암산나비정원
365일 살아 있는 나비를 관찰할 수 있다.

다. 상계역을 나와 재현중학교에서 오르는 길은 빠르지만 무척 가파른 돌길이다. 당고개역에서 경수암과 불암정으로 이어지는 코스는 물이 많은 때 폭포를 감상하며 오를 수 있다. 암릉을 따라 너럭바위가 여러 곳에 있으므로 노원구 일대와 도봉산, 북한산을 한눈에 조망할 수 있어서 훌륭하다.

중계중학교에서 올라오는 코스에는 불암산나비정원과 둘레길전망대가 있다. 이 경로에는 온실과 함께 아이들을 위한 나비 체험관이 있어서 가족 단위의 관람객으로 북적인다. 봄에는 연분홍 빛 철쭉 밭이 넓게 펼쳐지므로 인기가 많다. 전망대에서 바라보는 풍경이 볼 만하지만 호젓한 산책을 원한다면 휴일은 피해야 한다.

불암산은 가파르게 떨어지는 절벽과 괴이하게 생긴 바위가 진경산수화를 보는 듯한 느낌을 준다. 굳이 꼭대기까지 오르지 않더라도 곳곳에 전망 좋은 암반이 있으므로 서울 시내를 조망할 수 있다.

멀리 갈 필요 없습니다,
성균관에서 단풍 시작입니다

종로구는 조선의 수도로써 600년 역사를 간직한 동네이다 보니 행정구역상 87개나 되는 법정동이 존재한다. 아마 서울 시민도 처음 듣는 지명이 있을 것이다. 경복궁 우측 담장 길을 따라 소격동과 중학동이 있으며 와룡동에는 창덕궁이 자리한다. 훈정동에 종묘가 위치하고 서편 담장을 따라 권농동과 봉익동이 위치한다. 창경궁 오른쪽이 연건동이며 그 아래로 원남동과 연지동이 늘어선다.

만추의 계절에 산책 코스로 훌륭한 종로구 일대를 소개한다. 지하철 3호선 안국역을 나와 삼청공원과 와룡공원을 넘어 성북동 일대와 성균관대학교(명륜당)를 거닐어 보는 코스다.

산책의 출발지는 안국역 2번 출입구다. 드문드문 옛 풍취가 남아있는 가회동을 구경하며 걸어도 좋고 마을버스 종로02번을 타고 감사원에서 하차하여 조금만 내려가면 삼청공원이다. 이곳에는 정몽주와 어머니의 시조비가 있어 살펴보는 재미가 있으며 숲속도서관에서는 책과 함께 간단한 음료

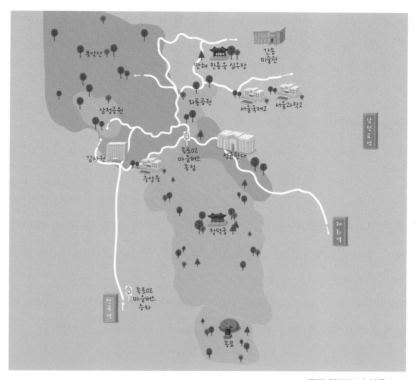

궁궐 뒷길로 난 단풍 코스

도 마실 수 있다. 봄철에는 화사한 벚꽃 아래에서 여유로운 산책을 즐길 수 있고 가을날에는 오방색으로 물들어 가는 가을 단풍도 볼만하다.

　삼청三淸이란 지명은 조선 시대 때 하늘에 제사를 지내던 소격서_{도교 의식을 행}_{하던 관청}가 있었기에 붙여졌다. 물, 숲, 인심이 청정하여 유래했다는 설도 있으나 지금의 경복궁 우측 소격동이란 명칭으로 볼 때 전자에 무게가 실린다. 상(은)나라가 멸망하고 주나라가 세워지는 혼란기를 다룬 역사 판타지 소설 봉신방(봉신연의)에는 도교의 여러 신선이 등장한다.

　하늘에 주재하며 온 세상의 조화를 이루는 삼신을 가르켜 옥청, 상청,

태청이라 한다. 여기에 인격화된 신성을 부여하여 각기 원시천존, 영보천존, 도덕천존이라 부르기도 한다. 도교의 시조인 노자가 바로 도덕천존이며 태상노군이라는 별칭을 갖고 있다.

와룡공원에서 이어지는
성곽 길의 단풍이 멋지다

삼청동 위쪽에 있는 삼청터널을 지나면 곧바로 숙정문이 나오지만 도보로는 갈 수 없다. 과거로부터 청와대를 내려다볼 수 있는 북악산길이라 진입이 제한적이었고 아예 처음부터 인도를 만들지 않았기 때문이다. 숙정문 말바위 안내소에서 출입증을 발부받으면 북악산 둘레길을 거닐 수 있다. 노무현 정부 때부터 지금까지 막혀 있던 일부 구간을 허용하고 있으니 서울 시민에게 또 하나의 볼거리를 선사한다.

와룡공원 성곽 길
성북동 일대가 한눈에 들어오는 산책 코스.

이쪽 길은 언론에 여러 차례 소개되어 많은 사람이 찾으므로 호젓한 산책을 원한다면 와룡공원 방면으로 내려올 것을 추천한다. 성벽 길을 따라 서울국제고와 서울과학고로 내려오는 길의 단풍이 볼 만하다. 와룡공원 바로 위에 있는 북정마을을 지나면 만해의 심우장이 지척이다. 총독부가 싫어 일부러 북향으로 터를 잡고 한용운이 거처했던 집이다.

창덕궁의 북쪽에 있다고 해서 붙여진 이름인 성북동은 여러 외국 대사관이 늘어선 거리이며 예로부터 고관대작이 모여 살던 부촌이다. 북악산 마루에 즐비한 고급 주택가를 걷다 보면 아파트가 빽빽한 서민의 주거 공간과는 분명히 결을 달리하는 곳임을 알 수 있다. 서울 시내에 몇 안 남은 달동네인 북정마을과 고급 주택이 공존하는 모습이 아이러니하다.

5백년 역사를 간직한
명륜당 은행나무

와룡공원까지 가지 않고 창덕궁 뒷길을 따라 성균관으로 나오는 길도 괜찮다. 중앙중학교 옆길을 따라 창덕궁 뒷길로 오르는 소로를 타면 바로 성균관대학교 후문이자 종로02번 마을버스의 종점이 나온다. 성균관은 고려 시대 국자감을 이은 조선의 국립 대학으로서 인재 양성을 목적으로 건립되었다.

조선 팔도의 유생은 물론이요 왕세자(양녕대군, 연산군, 광해군, 사도세자, 순종)까지 합숙하면서 공부했다. 천 원권의 퇴계 이황이 성균관 대사성정3품 벼슬으로서 학생들을 가르쳤으며 지폐 뒷면에 나온 전각이 명륜당이다. 그 앞에 있는 천연기념물 제59호로 지정된 은행나무를 사이에 두고 명륜당과 대성전이 자리한다.

명륜당
성균관 유생들이
이곳에서 글을 익히고 배웠다.

명륜당 앞 은행나무
500년을 훌쩍 넘은 고목의
노란 단풍이 멋지다.

명륜당은 오늘날의 종합 강의실이며 대성전에는 조선의 건국 이념에 따라 공자의 위패가 봉안되어 있다. 은행銀杏나무는 유학을 상징한다. 학문을 배우고 익히는 곳을 행단杏壇이라고 하였으니 공자가 은행나무 아래에서 제자들을 가르쳤기 때문이다.

명륜당 앞의 은행나무는 수령이 500여 년을 넘긴 노거수다. 1962년 천연기념물 제59호로 지정되었으며 높이는 26m에 둘레는 12m에 달한다. 빛살 좋은 가을날, 노란 물결이 넘실대면 내외국인을 비롯한 수많은 인파가 찾는다. 대성전에서 명륜당 방향의 은행나무를 배경으로 달력에 어울릴 만한 사진을 찍기 위해서다.

가을을 만끽하는 시민
은행나무를 배경으로 멋진 사진을
남기고 있는 관광객

대성전 안쪽의 은행나무도 450여 년의 세월을 풍성한 노란색으로 물들이고 있으니 빼놓지 말고 둘러보자.

올해 마지막 단풍,
서울 북한산에선
여기가 최고입니다

북한산은 조선 시대 이래로 우리나라 5대 명
산_{백두산, 금강산, 묘향산, 지리산, 북한산}에 속하였으며 나라에서 큰 제사를 지내 왔다.
외적을 방어하던 산성과 더불어 많은 유물과 사적이 있으며 이름난 사찰만
30여 곳이고 작은 암자와 절간을 합치면 100군데 이상이다. 북서쪽 방향에
서 정상을 바라보면 백운대, 인수봉, 만경대가 뫼 산山 자 형국으로 솟아 있
어 삼각산이라는 별칭을 갖고 있기도 하다.

등산을 좋아하는 사람이라면 도봉산과 연계하여 종주를 할 수도 있고 암
벽 등반과 더불어 비박非泊을 즐기는 이들도 여럿이다. 정상까지 오르지 않
고서도 산책하기에 좋은 장소가 꽤 많다. 이번 산책길은 북한산 삼사분면에
서 가장 돋보이는 사찰 두 군데를 돌아보는 길이다. 으뜸가는 단풍 명소인
승가사는 빼놓을 수 없으며 금선사에서는 템플 스테이를 체험할 수 있다.

산책의 출발점은 지하철 3호선 불광역 2번 출입구다. 길을 건너 좌화전
하여 7212 버스를 타고 승가사 입구에서 내리면 된다. 오른쪽 길로 조금 걸

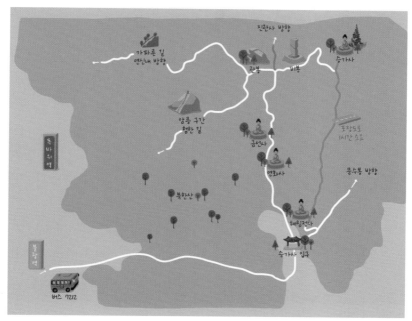

승가사에서 금선사로 회귀하는 산책길

다 보면 삼거리 길에서 혜림정사로 가는 이정표가 나온다.

화강암 챙이
눈부심을 막아

친절하게도 승가사까지 포장도로가 이어지므로 편안하게 오를 수 있다. 겨우 차 한 대가 지나갈 정도의 도로를 타고 한 시간 남짓 걸음을 옮기면 승가사에 도착한다. 신라 제35대 임금 경덕왕 시절에 수태선사가 창건하였으며 당나라 고종 때 생불로 불리던 승가를 추모하는 뜻에서 이름 지어졌다. 이후 여러 차례 중창과 중수를 거쳐 지금에 이

승가사 9층 석탑
만추를 맞이한 승가사와 북한산 풍경.

르렀으니 가파른 지형을 따라 여러 전각이 아기자기하게 모여있다.

일주문을 지나 계단 위를 보면 9층 석탑이 보인다. 무거운 범종과 함께 일일이 사람 손으로 운반하여 7년에 걸쳐서 꾸몄다고 한다. 북한산 중턱에 불과하지만 여기서 바라보는 서울 시내 풍경이 제법 볼 만하다. 여러 전각을 둘러보고 뒤쪽 계단을 오르면 큰 바위 아래에 약사전이 나온다. 이 안에 보물 제1000호로 지정된 석조승가대사좌상이 안치되어 있다.

약사전 위쪽으로 108계단을 오르면 보물 제215호로 지정된 마애석가여래좌상이 나온다. 커다란 바위에 돋을새김한 석가모니가 속세를 굽어보고 있다. 화강암 모자가 눈부심을 막아 더욱 멀리 진리의 빛을 발하고 있는 듯 느껴진다.

승가사에서 20분 정도 산길을 오르면 비봉에 다다른다. 산마루에는 진흥왕순수비가 세워져 있고 가까이 자리한 코뿔소 바위에 호기롭게 앉으면 기억에 남을 만한 사진을 찍을 수 있다. 많은 이들이 찾는 주말이면 줄을 서서 기다려야 하는 곳이다. 비봉에서 조금만 내려가면 암릉이 겹겹이 포개진 관봉이

금선사로 가는 도중 뒤돌아본 승가사

나온다. 멋들어지게 가지를 드리운 소나무 그늘 아래에 앉으면 형형색색 물들어 가는 북한산의 단풍이 파노라마처럼 펼쳐진다. 두 눈으로 담을 수 없을 정도로 장대한 풍경이다.

관봉에서 가을을 만끽하고 있는 시민
늘어진 소나무 너머로 북한산이 능선이 파노라마처럼 펼쳐진다.

불전 사물을
만져 볼 수 있는 절간

　　　　　　　관봉을 내려와 사거리 갈림길에서 구기동으로
내려가면 금선사에 다다른다. 관람에 제한을 두지 않으므로 범종각으로 올
라가서 구경할 수 있다. 운판, 법고, 목어를 가까이서 보고 만져 볼 수 있어
서 좋다. 범종각에 있는 불전 사물_{불교 사찰에서 아침과 저녁 예불 때 치는 네 가지 불구로 범종, 법}
_{고, 목어, 운판을 말한다}은 뭇 생명들의 평안을 기원하는 목적으로 두드린다.

　범종은 세상 만물과 중생을 일깨우는 소리이며 법고는 모든 짐승의 고통
을 달래 주기 위해서 친다. 목어는 물에 사는 존재, 망치로 두들기는 운판
은 하늘을 나는 새의 혼을 위로한다. 금선사는 템플 스테이 사찰 중 하나
다. 쉽게 말해 절간의 일상을 체험하면서 대한민국 불교를 살짝 맛볼 수 있
는 관광 프로그램의 일종이다.

　금선사는 무학대사가 창건했으며 목정굴 안쪽에 수월관음보살좌상이 있
다. 이곳은 조선의 제23대 임금인 순조의 탄생 설화를 간직한 가람이다. 정
조는 첫 아들인 문효세자를 잃고 서른이 넘도록 아들을 얻지 못해 고심했

금선사 법고
모든 짐승의 평안을 위해 법고를 두드린다.

다고 한다. 어느 날 용파 스님이 도성으
로 들어가 왕에게 불교 차별을 시정해
줄 것을 탄원했다. 조선은 숭유억불 정
책을 펼쳤으나 역대 임금들은 개인적
으로 불교를 멀리하지 않았다.

　이에 정조는 왕자의 탄생을 기원해
줄 것을 요청했다. 용파 스님은 당시 금
선사에 머물던 농산 스님과 의논하여

금선사 목정굴
굴 안에는 수월관세음보살상이 봉안되어 있다.

각기 목정굴과 수락산 내원암에서 치성을 들였다. 기도의 효험 때문인지 수빈 박씨가 회임하였고 순조가 태어났다는 전설이다.

금선사 바로 아래에 연화사가 있다. 조그마한 사찰이지만 여름에는 연꽃이 무성하게 피어나므로 잠시 둘러보는 것도 괜찮을 듯싶다.

왕을 보살핀 궁녀 길에서
왕을 구한 도량까지

은평구 구파발역의 오른편, 불광동과 북한산에서 발원한 창릉천 아래에 위치한 이말산은 해발 높이가 겨우 133미터에 불과한 작은 동산이다. 이 일대는 예로부터 도성의 관문이었기에 조선 시대에 파발 역참이 들어서서 중요한 문서를 전달했다. 근현대에 이르러서는 수도를 방어하기 위한 군사 시설이 곳곳에 흔적을 남기고 있다. 은평구에 따르면 이말산은 말리화^{재스민}에서 따온 이름이라고 한다. 자장면 집에서 나오는 보리차 같은 물이 바로 말리화차로서 향기가 매우 풍부하다. 이번 산책 경로는 구파발역에서 시작하여 이말산을 둘러보고 은평한옥마을로 나와 진관사에 이르는 길이다.

진관사 홍제루
대웅전으로 들어가는 2층 누각 아래에
형형색색 연등이 피었다.

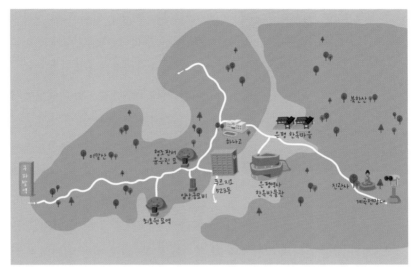

이말산에서 진관사까지 걷기 좋은 산책길

궁녀를 주제로 한
여성 테마 길

지하철 3호선 구파발역 2번 출입구로 나와 인공 폭포 옆 계단을 오르면 주민을 위한 각종 운동 기구와 벤치, 정자, 야자 매트가 길을 안내한다. 폐포 속으로 피톤치드나무에서 방산되어 주위의 미생물 따위를 죽이는 작용을 하는 물질. 산림욕 효용의 근원이다를 한껏 들이마시며 걸음을 내딛어 보자. 이말산 일대는 서울의 외곽 지역이었기에 노원구 초안산 비석골처럼 내관 및 궁녀, 중인과 사대부의 묘역이 흩어져 있다.

확인된 무덤과 석물 등이 2천여 기를 넘었다고 하나 도굴과 훼손 때문에 지금은 몇몇 자취만 남아 있을 뿐이다. 조선의 헌법인 경국대전에는 '성저십리금장금송城底十里禁葬禁松'이란 규정이 있다. 도성 십 리 안에는 매장과 벌목

임 상궁 묘비
후손이 없어 봉분은 사라지고
묘비와 상석만 남았다.

을 금한다는 뜻이다. 요즘 말로 치자면 개발 제한 구역이므로 도읍의 주변부에는 묘역이 자리하는 경우가 많았다.

이런 역사적인 배경으로 은평구에서 궁녀를 주제로 한 여성 테마 길을 만들었다. 이말산에는 내명부 여인으로서 정1품 후궁에 오른 숙빈영조의 어머니 최씨의 부모최효원, 남양 홍씨 묘가 있다.

지금까지 비문을 갖춘 궁인의 묘는 오직 3기가 있을 뿐이며 그중 하나가 여기에 있다. 바로 상궁 임씨의 비석이며 생전에 인조, 효종, 현종, 숙종까지 네 명의 임금을 모셨다.

평소 숙종은 임 상궁을 이모라 불렀으니 명선, 명혜, 명안 공주까지 4남매를 보살폈기 때문이다. 후손이 없는 탓에 봉분은 사라졌고 묘비와 상석만이 덩그러니 남아 있다.

인경왕후가 요절한 뒤 숙종은 인현왕후를 계비로 맞이하지만 후사를 얻지 못했다. 이때 나인이었던 장옥정장희빈을 총애하여 뒷날의 경종을 얻는다. 숙종은 장희빈을 왕비에 앉히려고 인현왕후를 폐비시키고 궁 밖으로 내쫓는다. 하지만 국모로서의 품격이 부족한 장희빈에게서 마음이 떠난 숙종은 인현왕후의 시녀였던 숙빈 최씨로부터 또 다른 아들을 얻는다. 그가 바로 경종의 뒤를 이은 조선의 제21대 임금 영조다.

복잡다단한 정치에 의해 인현왕후가 복위되고 장희빈은 궁녀로 격하되어 사약을 받고 죽는다. 시간이 흘러 인현왕후가 병사하고 두 번째 계비인 인원왕후를 얻었으나 역시 후사는 없었다. 결국 경종이 즉위하나 4년 뒤에 세상을 떠나고 영조가 등극하여 탕평책을 펼친다.

고려의 기반을 다진 현종과
인헌공 강감찬

휘휘 둘러 하나고등학교 옆으로 나와 길을 건너면 은평한옥마을이 나온다. 2012년부터 현대식 한옥 마을로 조성되기 시작하여 지금도 건물이 세워지고 있다. 예스러운 맛은 부족하지만 나름대로 구색을 갖춰서 둘러보는 재미가 있다. 한옥마을 한쪽에 은평역사한옥박물관이 있으니 시간이 허락하면 들어갈 볼 일이다.

은평한옥마을
전통 한옥에 현대식 느낌을 가미하여 조성하고 있는 마을.

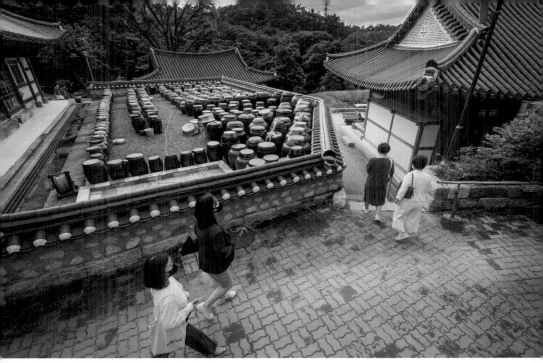

장독대가 있는 진관사 풍경
비구니의 수행 도량 진관사 경내를 걷고 있는 시민들.

길을 따라 조금 걷다 보면 진관사에 다다른다. 신라 때 원효대사가 세운 사찰로서 당시 이름은 신혈사였다. 고려 현종이 즉위하기 전에 승려로 머물렀으며 암살 기도로부터 자신을 지켜 준 진관대사의 은혜에 보답하고자 절을 크게 짓고 진관사라 칭했다. 조선 세조 때 화재로 소실되었으나 성종에 이르러 중건하였으며 한국 전쟁 때 또다시 불탔으나 1964년에 중수하여 현재에 이르고 있다.

고려 시대까지는 왕실의 혈통을 중시하던 때라 친인척 간에 혼인으로 맺어지는 일이 지극히 당연했다. 고려 제5대 임금 경종과 3번째 왕비인 헌애왕후천추태후에게서 7대 군왕이 되는 목종이 태어난다. 천추태후의 자매이자 4번째 왕비인 헌정왕후는 경종 사후에 숙부였던 왕욱사후 안종으로 추대과의 사이에서 대량원군8대 현종을 얻는다.

238

뒷날의 목종을 대신하여 경종의 사촌 동생이며 매제이자 처남인 성종이 제6대 임금으로 즉위한다. 성종은 서희 장군을 파견하여 요나라거란와의 담판을 이끌어 내니 우리가 역사 교과서에서 배운 강동 6주의 탈환이다. 노년에 몸져누운 성종은 군왕의 자리를 목종에게 넘겨주었으나 어머니 헌애왕후가 섭정하였다.

목종에게 후사가 없었기에 헌애왕후는 김치양과 통정하여 얻은 씨 다른 아들을 왕위에 앉히려고 한다. 이때 걸림돌이었던 대량원군을 승려로 만들고 신혈사에 머물게 하면서 암살을 시도한다. 때를 맞춰 정변이 일어나 목종이 폐위되며 대량원군이 주상의 자리에 오른다. 현종은 거란과의 전쟁에서 강감찬을 중용하여 귀주대첩요나라 10만 대군을 섬멸을 승리로 이끈다.

진관사 옆으로 계곡물이 시원스럽게 흐른다. 길을 따라 산을 오르면 관봉과 비봉을 거쳐 승가사가 나온다. 산길이 상당히 험하므로 산책 코스로는 추천하지 않는다. 다만 계곡 초입의 자그마한 전망대까지는 무리 없이 갈 수 있다. 물놀이는 할 수 없지만 움푹 파인 암릉을 따라 시원한 계곡물이 흘러 시선을 잡아끈다.

개운산에서
천장산과 의릉으로 이어지는
성북구 산책길

성북구에 자리한 개운산과 천장산은 북한산에서 발원한 정릉천을 사이에 두고 서로 이웃하고 있다. 전자에는 고려대학교, 성신여자대학교가 위치하고 후자에는 경희대학교, KAIST, 한국예술종합학교, 한국외국어대학교가 자리한다. 개운산은 무학대사가 창건한 사찰인 개운사가 있어서 붙여진 이름이다. 해발 130여 미터에 불과한 작은 동산이며 종암동, 안암동, 돈암동에 걸쳐 있다.

천장산天藏山을 풀어내면 '하늘이 숨겨 두었다'는 뜻이므로 풍수 명당으로 알려져 조선 왕조의 묘역이 형성된 지역이다. 이 일대에 제20대 임금 경종과 계비 선의왕후가 묻힌 의릉이 있으며 홍릉영휘원과 숭인원을 합쳐서 부르는 명칭이 자리하는 까닭이다. 을미사변으로 시해된 명성황후의 묘도 있었으나 고종이 승하하면서 남양주 홍릉으로 합장되었다.

1962년에는 서슬 퍼랬던 군사 정부가 의릉 안에 중앙정보부를 세우면서 보통 사람은 출입을 하지 못했다. 1995년에 정보부가 서초구 내곡동으로

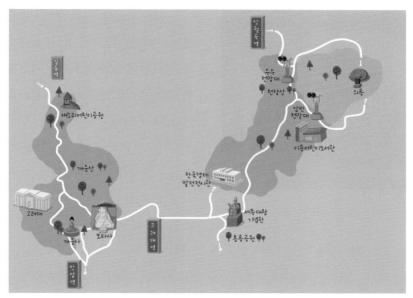

개운산 · 천장산 · 의릉 산책 루트

이전하고 난 뒤에는 문화재청이 훼손된 왕릉을 수리하고 한국예술종합학교가 들어서 오늘에 이른다.

이번 산책 코스는 개운산에서 시작하여 홍릉 일대를 둘러보고 천장산을 거쳐 의릉으로 하산하는 길이다. 걷기의 시작은 지하철 4호선 길음역 2번 출구로 나와 길을 건너 새소리어린이공원에서 출발한다.

팔만대장경을
한글로 풀어낸 탄허 스님

산책로를 따라 낙엽을 밟으며 잠시 오르면 개운산공원에 다다른다. 지대가 제법 높기는 하지만 탁 트인 조망 지점이 없

개운사
범종각 아래에서 바라본 안암동 일대.

어서 살짝 아쉽다. 마로니에마당에서는 시계가 약간이나마 확보되어 북한산 일대가 눈에 들어온다. 휘휘 둘러 내려오면 성북구의회를 지나 삼거리 길이 나온다. 어느 쪽으로 가도 안암역이 나오지만 좌측 길을 추천한다. 고려대학교를 관통하여 개운사에 다다를 수 있는 지름길이기 때문이다.

조금만 내려가면 오른쪽에 캠퍼스로 들어가는 문이 나오고 민족문화관을 거쳐 안암학사를 빠져나오면 개운사에 이른다. 도심 속 사찰 중에서는 상당한 규모를 갖췄으며 우측 길로 접어들어 범종각을 지나면 별안간 고즈

보타사 대원암
고려 시대 마애보살좌상이 바위에 조각되어 있다.

넉한 분위기로 바뀐다.

개운사는 무학대사가 창건했다고 전해지며 승려들의 교육 기관인 중앙승가대학이 2000년까지 있었던 가람이다. 팔만대장경을 한글로 풀어 낸 탄허 스님이 주재할 때 함석헌과 양주동이 그의 장자 강의를 들었다고 한다.

개운사를 나와 왼편으로 조금만 오르면 보타사 대원암이 나온다. 이곳에는 약 5m 높이인 고려 시대 마애보살좌상이 암벽에 조각되어 있으며 서울시 유형문화재로 지정되어 관리를 받고 있다.

대한민국 최초의 수목원 홍릉을 따라
천장산에 오른다

다시 길을 나서 안암역으로 내려와 고려대역을 지나 홍릉 앞으로 간다. 이 삼거리 길에 세종대왕기념관과 홍릉공원(영휘원과 숭인원), 한국경제발전전시관이 모여 있다. 홍릉(국립산림과학원)은

한국경제발전전시관
한국 전쟁 이후
대한민국 경제사를 볼 수 있다.

구영릉 석물
세종대왕과 소현왕후 심씨의 무덤인 영릉이
처음 조성되었을 때 만들어진 석물.

천장산 우수전망대
성북구와 강북구 너머로 북한산 능선이 이어진다.

경희대 방면 전망대
암반 조망점에서 바라본 노원구 일대 경관.

대한민국 최초의 수목원으로서 여러 가지 임업 시험과 연구 과제를 수행하는 기관이다. 토요일과 일요일에는 자유 관람이나 평일에는 사전 예약을 해야 둘러볼 수 있다.

건너편에는 세종대왕기념관과 홍릉근린공원이 담을 사이에 두고 맞닿아 있다. 영휘원은 고종의 후궁이자 영친왕의 생모인 순헌황귀비 엄씨의 묘역이고 숭인원은 의민황태자영친왕, 조선의 마지막 황태자로서 순종의 이복동생의 장남인 이진의 무덤이다. 한편, 글로벌지식협력단과 한국과학기술연구원 길로 들어서면 한국경제발전전시관이 나온다. 한국 전쟁 후 우리나라 경제 발전의 역사를 한눈에 볼 수 있는 곳이다.

카이스트KAIST 서울 캠퍼스 옆, KOCCA한국콘텐츠진흥원콘텐츠문화광장 맞은편에 천장산 하늘길 들머리가 나온다. 홍릉과 경희대 사이로 난 작은 길이라서 지도에는 표시되지 않으나 쉽게 눈에 띈다.

흡사 DMZ 철책 사이로 걷는 듯한 기분을 느끼며 조금만 걷다 보면 정상에 이르고 마주치는 펜스 너머로 의릉이 자리한다. 중앙정보부는 떠났지만 아직도 철책과 감시탑이 남아 있어 스산한 기분이다. 이정표를 따라 왼쪽 길을 택하면 이번 워킹 코스에서 가장 경관이 뛰어난 전망대를 돌아보며 의릉으로 갈 수 있다. 북한산과 도봉산 능선이 시원하게 펼쳐지므로 그 앞에 자리한 강북구가 평지처럼 느껴진다. 오른쪽으로 내려가면 경희대 옆 길의 암반 전망대에서 보는 경치가 볼 만하다. 의릉 내부를 조망할 수 있는 것은 덤.

감탄이 나오는 붉은 노을……
서울 살면 여기 꼭 와 보세요

동대문구 주거 밀집 지역의 유일한 녹지라 할 수 있는 배봉산은 해발 높이가 겨우 100여 미터에 불과한 작은 동산이다. 전농동과 휘경동 경계에 자리하고 있으며 전농典農이란 '왕이 직접 농사를 짓는 밭'을 뜻한다. 동네 야산에 불과하지만 정상부에는 시야를 가리는 건물과 수목이 없어서 멋진 풍광이 펼쳐진다. 사계절 내내 붉은 노을을 감상할 수 있는 훌륭한 조망점임에도 서울 시민에게 잘 알려지지 않은 곳이다. 서쪽으로는 남산과 북한산 자락이 보이며 우측에 흐르는 중랑천 너머로는 아차산이 손에 잡힐 듯 느껴진다.

배봉산에서 보는 남산의 저녁 노을
1년 내내 노을을 감상할 수 있는 배봉산.

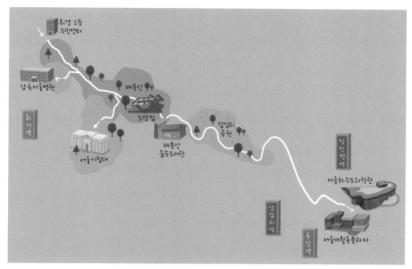

배봉산에서 답십리공원 산책로

사시사철
감탄이 나오는 석양

비 개인 날에는 구름 사이로 뻗어 내리는 석양
의 빛줄기가 감탄을 자아내게 만든다. 봄철에는 중랑천 벚꽃 길과 연계하
여 거닐어 볼 수 있으며 능선을 따라 철쭉을 비롯한 각종 봄꽃을 식재해 놓
아서 보는 재미가 상당하다. 추운 겨울에도 기분 전환을 위한 짧은 코스로
서 제격이며 해 질 무렵이면 야경을 즐기며 거닐어 볼 수 있어서 좋다.

출발지는 지하철 1호선 회기역 2번 출입구로 나와 중랑교사거리에서 우
회전하면 나오는 휘경2동주민센터 앞이다.

어째서 배봉산拜峰山이라 부르게 되었는지는 불분명하다. 한자를 풀어내
면 '봉우리를 향해 절을 한다'는 뜻이므로 후대 사람들이 여러 가지 그럴싸

한 해석을 내놓고 있다. 산의 형세가 경복궁을 향해 절을 하는 모양이라서 이름 지어졌다는 설, 조선 왕실의 묘역이 있어서 오가는 사람들이 고개를 숙였다고 하여 붙여졌다는 소문 등이다.

지은이의 생각으로는 정조가 아버지 사도세자의 묘역을 향해서 절을 했기에 배봉산이라 불렸다는 이야기가 신빙성 있게 다가온다. 배봉산에는 과거 영우원과 휘경원이 자리하고 있었기 때문이다. 사도세자의 묘소인 영우원은 현재 경기도 화성시 융릉이 되었고, 휘경원정조의 셋째 계비이자 순조의 생모인 수빈 박씨의 묘역은 남양주시 진접읍 부평리로 옮겼다. 지금의 휘경중학교 터에 휘경원이 있었으며 휘경동의 지명이 여기에서 기원한다.

이말산과 진관사 산책길에서 숙종, 경종, 영조의 관계를 잠시 살펴보았

배봉산에서 바라보는 서울 시내 풍경

다. 정빈 이씨와의 사이에서 얻은 장남 경의군효장 세자은 9살이라는 어린 나이에 요절하였고, 마흔을 넘어 영빈 이씨에게서 사도세자가 태어나니 영조는 무척이나 기뻐했다. 첫돌이 지나자마자 왕세자로 책봉하였을 정도로 기대가 남달랐다. 세자는 2살 때에 천자문을 배워 60여 자를 써 내려갈 정도로 총명했다. 세자빈 혜경궁 홍씨가 쓴 《한중록》에 따르면 사도세자는 영특할 뿐만 아니라 문무를 겸비한 인재였다고 한다. 젊은 나이에 청룡도를 비롯한 각종 무기를 자유자재로 다뤘으며 궁술과 승마술도 뛰어나다고 적고 있다. 스스로 《무기신식》이라는 무예서를 펼쳐 낼 정도였으니 이는 뒷날 정조 때 간행된 《무예도보통지》의 원형이 된다.

사도세자에 대한 기대가 너무 컸던 탓일까? 영조는 4살 때부터 왕세자를 정신적으로 학대하여 광인으로 만든다. 미치광이가 된 세자는 셋째 아내인 경빈 박씨를 비롯하여 백여 명이나 되는 무고한 사람들을 죽인다. 여기에 복잡다단한 당파 싸움이 어우러지면서 영조는 사도세자를 쌀뒤주 속에 가두어 굶어 죽게 만든다. 조선왕조실록에 기록된 임오화변이다.

사도세자의 악행은 인륜을 저버린 행위였으며 영조도 참으로 비정한 아버지였다. 오늘날까지도 이 사건은 숱한 의문과 논쟁을 남기고 있다. 뒷날 정조가 《승정원일기》를 비롯하여 사도세자 관련 기록을 파기하면서 많은 자료가 소멸되었기 때문이다.

논밭십리벌에서
하수도 과학관으로

배봉산 정상에서 5분 여 내려오면 배봉산숲속 도서관이 나오고 길을 건너 아파트 단지로 접어들면 답십리공원에 다다른다.

서울하수도과학관 앞의 태양광발전시설
생물반응조를 이용한 서울희망그린발전소 설비.

초겨울에도 은행나무가 노랗게 물들어 가는 광경을 볼 수 있어서 거닐어 볼 만한 코스다. 배봉산에서 보는 풍광에는 미치지 못하지만 동네 주민의 쉼터 역할은 톡톡히 하고 있다.

우리나라 행정 구역은 시·군·구 아래로 읍·면·동을 두며 동 대신에 리里를 쓰는 지명이 아직도 몇 군데 흔적을 남기고 있다. 답십리도 그중 하나다. 사실 리는 삼국 시대부터 사용된 지명이라서 나이 드신 분들은 아직도 동보다는 리가 익숙하다. 천만 서울시가 확장되면서 5개 리화양리, 당인리, 미아리, 수유리, 망우리는 동으로 바뀌었지만 지금까지도 자취가 남아 있는 곳은 답십리동, 청량리동, 왕십리동이다.

답십리의 지명도 여러 가지 설이 있지만 전농동의 예에서 알 수 있듯이 논밭이 십여 리에 걸쳐서 펼쳐져 있기에 붙여진 이름으로 보인다. 이 일대를 우리말로 표현하자면 '논밭십리벌'이라고 할 수 있으니 청계천과 중랑천 사이의 퇴적층이 쌓이는 평원이기 때문이다.

이 들판의 한 편, 용답동에 서울하수도과학관이 있으니 아이들과 함께 하수(생활 하수, 산업 폐수, 축산 분뇨, 빗물)를 모아 깨끗한 물로 바꾸는 정수 과정을 살펴볼 수 있다.

바로 앞에 마주하고 있는 서울새활용플라자에서는 쓸모 없어진 물건을 새롭게 디자인하여 가치 있는 생활용품이나 아이디어 상품으로 바꾸는 체험을 할 수 있다. 둘 다 예약을 통해 참여할 수 있으므로 가족 나들이로 추천한다. 장한평역 8번 출구에서 운행하는 셔틀버스를 타면 금방 도착한다.

개화산에서 가양동까지,
겸재의 자취를 따르는 길

지하철 5, 9호선의 시작이자 마지막이며 강서구의 최서단에 위치한 작은 동산이 개화산이다. 북으로는 방화대교와 행주산성 넘어서 북한산이 한눈에 들어오며 남으로는 김포국제공항이 자리한다. 한강 물길을 따라 서쪽으로 나가면 경기도 김포시이며 동쪽으로 마곡동 산업단지가 위치하고 있다. 이 지역에는 서남환경공원, 서울식물원, 양촌향교, 겸재정선미술관 등 볼거리가 오밀조밀 모여 있어 수삼 일에 걸쳐 둘러볼 만하다.

개화산의 해발 높이는 약 130m이므로 누구나 부담 없이 걸을 수 있다. 산책의 시작은 지하철 5호선 개화산역에서 출발한다.

개화산 미타사
하늘길전망대에서 바라본 미타사와 김포 평야.

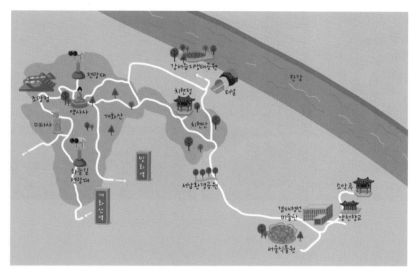

겸재 정선의 발자취를 따라 걷는 개화산과 가양동 산책 코스

개구리들의 합창 소리가 들리는
약사사

지자체에서 만들어 놓은 하늘길전망대를 따라 곳곳에 조망대가 있으므로 정상까지 곧바로 가지 않고 산책로를 돌아가는 것을 추천한다. 개화산 서편 자락 전망대에서 바라보는 김포 평야가 시원한 맛을 선사한다. 김포시 일대는 우리나라 최초의 쌀 재배지로 알려진 곳이다. 여기에서 생산되는 쌀을 통진미라 하였으며 밥맛이 좋아 예로부터 임금의 수라상에 올렸다.

몇 군데 조망 지점에서 풍취를 감상하며 산책로를 걷다 보면 어느새 해맞이공원(정상)에 이른다. 이곳에서 바라보는 방화대교의 풍경과 무심히 흐르는 한강의 조화가 색다른 맛을 느끼게 한다. 그네에 앉아 행주산성을 바라

약사사 경내 풍경
정선의 화첩에 등장하는 개화산 약사사.

아이조움 홍보관
하수 처리 과정을 체험해 볼 수 있다.

보고 있으면 방화대교 밑을 지나는 배가 흰 포말을 그리며 여운을 남긴다.

정상에서 조금만 내려오면 약사사가 있다. 2월 말 이른 봄에 이곳을 찾으면 '꽈르르륵' 우렁차게 울어 대는 북방산개구리의 합창 소리가 들려온다. 겨울은 물러갔지만 아직은 차가운 웅덩이 속에서 짝짓기를 하려고 수컷이 구애하는 소리다. 수십 마리가 목청을 높이므로 멀리 떨어진 곳에서도 리듬감 있는 울음소리를 들을 수 있다.

조그마한 산이지만 웅덩이와 못이 남아 있는 이유는 서남환경공원(서남물재생센터)이 자리하고 있기 때문이다. 이곳에서 서남권 9개구에서 나오는 하수를 처리하고 있다. 정수된 물을 흘려 보내 웅덩이와 습지를 만들고 모니터링을 통해 건강한 생태계를 복원하고 있는 중이다.

약사사의 규모는 그렇게 크지 않지만 겸재 정선의 자취를 볼 수 있는 사찰이다. 정선은 〈양천팔경첩〉과 〈경교명승첩〉을 통해 한강 변 일대의 아름다운 풍경을 그림으로 남겼으며 이 화첩에 약사사가 나온다. 안으로 들어서면 고려 시대 때 만들어진 3층 석탑이 보이고 대웅전 내부에는 돌부처를 모시고 있음을 알 수 있다. 족히 700년이 넘는 역사의 흔적이므로 둘 다 서울시 유형문화재로 등록되어 있다.

하수 처리 과정을 살펴볼 수 있는
서남물재생체험관

약사사를 뒤로하고 방화공원 방면으로 길을 나서면 치현산으로 연결된다. 치현雉峴은 '꿩고개'라는 뜻이므로 예전에 이곳에서 꿩 사냥을 많이 하였음을 짐작할 수 있다. 이정표를 따라 치현정으로 가면 방화대교가 손에 잡힐 듯 보인다.

치현정에서 바라본 방화대교와 한강 변 풍경

치현산을 내려와 좌측으로 진행하면 강서습지생태공원으로 나갈 수 있고 우측으로 방향을 잡으면 서남환경공원이 나온다. 전자는 말 그대로 습지 생태를 관찰할 수 있는 장소이며 상대적으로 서울 외곽 지역이라서 찾는 이가 적은 편이다. 비가 온 뒤 물이 불어날 때는 자전거가 다니는 하수도 옆으로 말뚱게가 슬금슬금 기어다닌다. 조류 관찰대에 오르면 망원경으로 겨울 철새를 비롯한 다양한 새를 볼 수 있다.

후자는 제방 위에 식재된 메타세콰이어와 플라타너스 터널이 멋진 곳이다. 봄에는 물가 산책로를 따라 연꽃이 무성한 잎을 펼치고 가을이면 뽀스락거리는 낙엽이 수북이 쌓인다. 그동안 서남물재생센터는 하수 처리를 할 때 풍기는 악취로 민원이 발생하던 시설이었으나 이제는 서남환경공원으로 탈바꿈하여 물 재생에 관한 체험 학습을 할 수 있다.

궁산 소악루에서 한강 변을
화폭에 담았던 정선

서남물재생센터를 나와 가양동으로 방향을 잡으면 마곡 도시 개발 구역에 위치한 서울식물원에 다다른다. 이 지역은 예로부터 삼麻을 많이 심었기에 마곡이라 칭했으며 개발 구역으로 지정된 이래 여러 기업이 사옥을 지으면서 강서구의 업무 지구로 발전하고 있다. 2019년에 개관한 서울식물원도 이러한 도시 개발의 일환이다.

바로 근처에 양천향교와 겸재정선미술관이 있다. 서울 시내에 유일하게 남은 양천향교는 지역 주민과 초·중학생이 전통문화를 체험할 수 있는 곳이다. 향교 뒤에 있는 작은 둔덕이 궁산이며 이곳에 세워진 소악루에서 바라보는 한강 풍취가 볼 만하다. 조선 영조 때 세워진 누각이나 이후 소실되

소악루
겸재 정선이 자주 들러 그림을 그렸던
누각으로 지자체에서 복원해 놓았다.

양천향교
양천향교 앞 유예당에서는 문화행사와
각종 민속놀이 공연이 펼쳐진다.

었다가 강서구에서 복원했다.

　진경산수화를 개척한 정선은 65세 부터 70세까지 양천 현감으로 있으면서 여러 걸작을 남겼다. 겸재는 소악루에 자주 들러 그림을 그렸다고 한다. 지금의 천 원권 지폐 뒷면에 있는 그림이 정선의 〈계상정거도〉이며 퇴계 이황이 제자들을 가르치던 안동의 도산서당을 화폭에 담은 것이다.

　환갑을 넘어서면서 겸재는 여러 걸작을 쏟아 내었다. 한강 줄기를 따라서 명승지를 화폭에 담은 〈경교명승첩〉과 임진강변을 그린 〈연강임술첩〉이 대표적이다. 70대에 이르러서 불후의 명작이 나오니 바로 국보 제216호로 지정된 〈인왕제색도〉와 〈박연 폭포〉다.

저무는 가을이 아쉽다면……
이곳으로 단풍 구경을

한강이 유유히 흘러가는 김포시와 강서구는 강물의 범람으로 이루어진 평야 지대라 예로부터 서민의 주거 밀집 지역이었다. 강서구의 약 $\frac{1}{3}$을 차지하는 김포공항은 일제 강점기 때 비행장으로 처음 들어섰고 한국 전쟁이 끝난 뒤에 국제공항으로 발전하면서 지금에 이르고 있다. 남은 $\frac{2}{3}$의 땅은 북서쪽의 개화산과 남동편의 봉제산이 양분하여 강서구의 녹지 공간 역할을 톡톡히 하고 있다.

이번 산책은 화곡동 봉제산과 우장산을 둘러보는 경로다. 평지에 솟은 나즈막한 산이라 높이래 봤자 겨우 100여 미터에 불과하지만 둘레길을 따라 걷다 보면 족히 하루가 걸리는 코스다. 우장산 자락 한국폴리텍대학 앞에 있는 은행나무 길은 이번 산책길에서 놓치지 말아야 할 곳이며 봉제산에서는 법성사를 둘러볼 만하다.

산책은 지하철 5호선 우장산역 2번 출구로 나와 좌회전하여 10분쯤 걸으면 나오는 우장산에서 시작한다. 남향에 있는 봉우리는 우장산이요 북쪽에

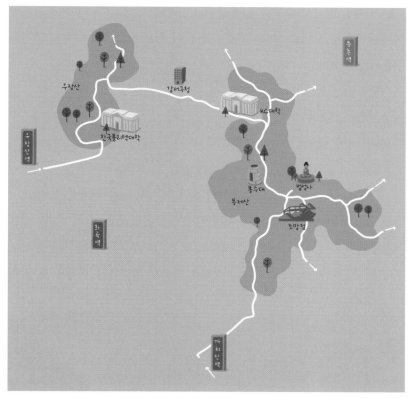

우장산과 봉제산 산책 코스

서 있는 봉은 검덕산이고 두 산봉우리를 합쳐서 우장산이라 부른다. 들머리가 되는 한국폴리텍대학과 주택가를 사이에 두고 약 250미터에 이르는 구간에 은행나무가 길게 늘어서 있다. 신록의 봄에 찾아도 좋지만 역시 노란 단풍이 물들어 가는 가을에 제격인 풍경이다.

길을 따라 빙빙 돌아 가면서 정상으로 오르는 코스에는 봄이면 살구꽃과 왕벚나무가 화사하게 꽃을 피워 내고 여름이면 플라타너스^{버즘나무} 숲이 동네 주민을 반긴다. 자그마한 동네 뒷산이지만 버즘나무를 비롯하여 오래된

나무가 제법 많아서 울창한 숲에 들어온 느낌을 받게 된다. 공해에 강하며 식재도 자유로운 버즘나무는 가로수로 많이 심으며 가을의 시작을 알리는 수종이기도 하다.

기우제를 지내면
반드시 비가 내렸다는 우장산

　　　　　우장산의 유래를 적어 놓은 팻말을 보면 과거 양천 현감이 이곳에서 세 번에 걸쳐 기우제를 올렸다고 한다. 마지막에는 어김없이 비가 내려서 도롱이를 꺼내 입고 올랐다는 이야기가 지금껏 전해지고 있다. 꼭대기에 올라 강서구민회관 쪽으로 방향을 틀면 동네 주민이

봉제산에서 바라보는 서울 풍경
가을빛이 물들어가고 있으며 11월 중순까지 볼 만하다.

활을 쏘는 공항정이 나온다. 약 150미터에 달하는 활터에는 늘상 여러 구민이 모여 활잡이를 자처한다. 지자체에서 세운 '조각의 거리'에는 석조 작품이 곳곳에 세워져 있어 들여다보는 재미를 더한다. 여기서 아치형 생태 다리를 따라 검덕산 봉우리로 갈 수 있으니 이곳 한 켠에 쇠락해가는 새마을지도자탑이 자리한다. 민족문제연구소의 기사를 보면, 새마을운동은 박정희 군사 독재의 선전도구로 활용된 측면이 많다. '당신의 아침을 깨운 그 노래, 이런 비밀 있었다.'라는 제목으로 다음과 같이 적고 있다.

'대대적인 새마을운동 전개에는 경제적 동기보다 지지 기반이 취약했던 정권이 상대적으로 통제가 용이했던 농촌 사회를 조직하고자 했던 정치적 동기가 더 작용했다. 일제의 '농촌진흥운동'이나 '농촌중견인물양성'이 실제로는 전통 향촌 사회를 재편하는 수단으로 기능했듯이, 새마을운동 또한 1인 독재를 유지하기 위한 정치 선전과 체제 동원의 매개 역할을 했기 때문이다.'

걷기 좋은
생태 공원으로 꾸며져

우장산을 내려와 강서구청 방향으로 길을 잡고 강서대학교 교정으로 들어서면 봉제산 둘레길이 나온다. 백제 상고 시대부터 봉화를 올리던 곳이었으나 현재는 아파트 단지와 주택가로 둘러싸여 있으며 생태 공원으로 꾸며져 있다. 도서관을 비롯하여 공연장, 복지 센터 같은 각종 편의 시설과 아기자기한 테마 숲으로 이루어져 있다.

강서구청에서 세운 표석이 1997년 날짜를 가리키고 있으며 공원이 조성

봉제산 법성사의 가을
저 멀리 북한산 능선까지 한눈에 들어온다.

될 때는 '흰 돌이 많이 난다.' 하여 백석(白石)공원으로 불렸다. 다소 생경한 명칭이라 봉제산으로 바뀌었고 근처의 백석초·중학교에 그 흔적이 남아 있다. 저벅저벅 걷다 보면 몇 군데 조망점을 지나 정상으로 오른다.

봉수대로 오르는 길은 오뉴월에 철쭉이 그득하게 피어나고 20여 분이면 정상에 다다르므로 이정표가 가리키는 대로 둘레길을 한 바퀴 돌아보는 것을 추천한다. 피톤치드를 폐포 속에 가득 채우며 잣나무 숲, 사색의 공간, 유아숲체험원, 산마루공원 등을 거닐어 볼 수 있다.

꼭대기 근처에 법성사로 내려가는 소로가 나온다. 200여 년 전 벽암 스님이 작은 토굴을 짓고 수행하던 곳에서 시작하여 지금에 이르고 있다. 돌부처가 서 있는 방향을 바라보면 북한산 능선이 가깝게 다가오므로 나름 괜찮은 조망 장소다. 다시 길을 나서 강서다목적체육관 방면으로 걷다가 화곡8동으로 내려오면 5호선 까치산역이 지척이다.

독재 정권을 무너뜨린
혁명의 단풍 길 걸어 보세요

강북구와 도봉구가 만나는 지역, 북한산과 도봉산이 마주하는 곳에 수유동과 방학동이 있다. 쌍문동과 방학동에 걸쳐 있는 쌍문근린공원에는 군부대가 이전한 자리에 꽃동네책쉼터가 들어서 있으며 연산군묘 앞 원당샘공원의 약수터는 물맛이 좋아 동네 주민에게 인기가 많다. 수유동에 자리한 4·19민주묘지는 초겨울까지도 핏빛 단풍이 남아 있는 곳이다. 이번 산책은 4·19민주묘지를 찾아 분향하고 쌍문공원을 둘러본 뒤에 연산군묘를 거쳐 양효공 안맹담과 정의공주 묘역까지 걸어보는 코스다.

4·19민주묘지의 붉은 단풍.
그날의 항거를 말해 주는 듯 핏빛처럼 타오른다.

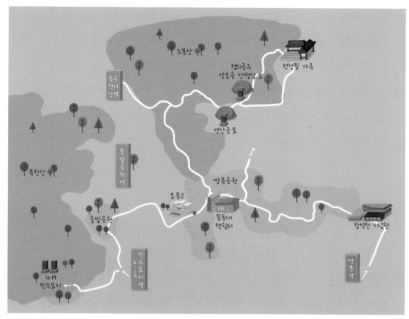

역사의 숨결을 느낄 수 있는 수유동과 방학동 산책길

자유당 독재를 무너뜨린
시민 혁명

        우이신설선 4·19민주묘지역 2번 출구로 나와
10분 정도면 국립 4·19민주묘지에 다다른다. 입구에 들어서자마자 노을처
럼 물들어가는 단풍이 그날의 항거를 말해 주는 듯하다. 비단잉어가 한가
로이 노니는 연못을 둘러싸고 붉은 물결이 완연한 가을을 알리고 있다.

  1953년 한국 전쟁의 총성이 사라졌지만 이승만과 자유당 정권의 독재는
멈추지 않았다. 이듬해 이승만은 영구 집권을 위한 사사오입 개헌을 단행
하여 국민, 언론, 야당에 대한 탄압의 강도를 점점 높여갔다. 1960년에는

독재 정권을 유지하고자 3·15 부정 선거를 획책하여 정·부통령에 이승만과 이기붕을 세우려고 한다. 불법 선거를 규탄하는 시위가 전국으로 촉발되는 와중에 최루탄이 얼굴에 꽂힌 채 숨진 고교생 김주열 군의 시체가 마산 앞바다에 떠오른다. 시위에 참가한 진영숙 양도 경찰이 쏜 총탄을 맞고 숨졌다. 유서를 써 놓고 거리로 나간 그이는 한성여중 2학년에 재학 중이었다. 유언은 다음과 같다.

국립4·19민주묘지
자유, 민주, 정의를 꽃피운 민주 성지.

'우리나라 민주주의를 위하여 피를 흘립니다. 어머님, 데모에 나간 저를 책하지 마시옵소서. 우리들이 아니면 누구가 데모를 하겠습니까?…… 저의 모든 학우들은 죽음을 각오하고 나간 것입니다…… 어머님, 저를 사랑하시는 마음으로 무척 비통하게 생각하시겠지마는, 온 겨레의 앞날과 민족의 해방을 위하여 기뻐해 주세요.' (국사편찬위원회)

국민의 분노가 극에 달하면서 전국의 학생과 시민이 궐기하였으니 역사에 기록된 4·19 혁명이다. 당시 시위대를 향한 경찰의 발포로 186명의 무고한 사람이 죽었고 부상자는 6,026명이나 되었다. 4·19 혁명으로 이승만은 대통령직에서 쫓겨나 하와이로 도피하여 요양원에서 비참한 죽음을 맞이하지만 이후 국립서울현충원에 묻힌다.

이승만의 종신 집권을 위한 사사오입 개헌을 강행한 이기붕은 온 가족이 모두 자살한다. 12년간 이어진 자유당 독재 체제가 무너졌지만 1년 하고도 한 달 뒤에 5·16 군사 정변으로 박정희의 군사 독재가 17년간 엄습한다.

흥청망청 폭정을 일삼다
쫓겨난 연산군

국립4·19민주묘지를 나와 쌍문공원으로 가보자. 효문고교 사잇길로 들어서 잠시 걸으면 최근 시민에게 개방된 꽃동네책쉼터가 나온다. 수유실을 비롯하여 카페 형식으로 꾸며져 있으며 누구나 무료로 이용할 수 있다. 여기서 쌍문역 방향으로 가면 함석헌기념관을 둘러볼 수 있다.

북쪽으로 진행하여 나지막한 둘레길 자락을 돌아 내려오면 연산군묘에

글로 쓸 수 없을 정도로 극악무도한 만행을 저지른 연산군의 묘

다다른다. 조선 제9대 임금인 성종의 맏아들이자 10대 왕이었던 연산군은 폭정으로 군주의 자리에서 쫓겨난 인물이다. 연산군의 어머니는 윤기견의 막내딸로서 성종의 첫 번째 후궁에서 왕비에 오른 여인이다. 중전 자리에 오른 윤씨였지만 성종의 마음은 다른 후궁에게 가 있어 남편의 사랑을 받지 못했다. 질투에 눈이 먼 그녀는 후궁들을 제거하려고 엽기적인 일을 벌이다가 발각되어 성종의 분노를 산다.

남편과의 잦은 부부 싸움으로 임금의 얼굴에 손톱자국까지 내게 되므로 시어머니였던 인수대비가 노발대발하여 그녀를 폐서인 하라고 청한다. 중전에게서 마음이 떠난 성종이 이를 수용하고 윤씨는 궁궐에서 쫓겨난 뒤 사약을 받고 죽는다. 성종은 이에 관한 일체의 언급을 하지 말도록 조치하였고 뒷날 왕위에 오른 연산군이 사건에 대한 전말을 알게 된다.

당시 왕권은 삼사^{사헌부, 사간원, 홍문관}에 의해서 견제를 받고 있었으나 연산군

당시 왕권은 삼사사헌부, 사간원, 홍문관에 의해서 견제를 받고 있었으나 연산군

은 강력한 왕권을 추구했던 것으로 보인다. 그는 폐비 윤씨 사사를 빌미로 재위 기간에 두 번에 걸친 사화무오사화, 갑자사화를 통해 사림파와 훈구파를 대거 숙청한다. 절대 왕권을 얻은 연산군은 이후 광증이 의심될 정도로 흉악무도한 일을 저지른다. 채홍사를 전국에 파견하여 미녀를 궁궐로 들이고 각 고을에서 기생을 관리하게 만들었다. 노래를 잘 부르고 춤이 능한 기생은 흥청興淸이라고 불렀으니 오늘날 관용구가 된 '흥청망청'이 여기에서 기원한다. 이때 연산군의 총애를 받았던 흥청이 장녹수이며 주색잡기에 몰두한 연산군은 글로 다루지 못 할 만큼 극악무도한 짓을 일삼다가 중종반정으로 폐위되어 초라한 죽음을 맞는다.

연산군묘 앞의 은행나무
수령 800여 년의 방학동 은행나무가 노란 잎을 떨구고 있다.

세종대왕의 둘째 딸 정의공주와 양효공 안맹담 묘역.

　연산군묘 지척에 양효공 안맹담과 정의공주 묘역이 있다. 개방을 하지 않아 들어갈 수는 없으나 능을 살펴보는 데는 지장이 없다. 정의공주는 세종대왕의 둘째 딸로서 훈민정음 창제에 일조했다고 전해진다.

　여기서 조금 더 산책을 진행하면 우리나라 문화재를 일제로부터 지켜 낸 전형필 가옥간송옛집이 있다. 그가 일제 강점기 때 '훈민정음 해례본'을 얻기 위해 당시 집 10채 값을 치뤘다는 일화가 널리 알려져 있다.

/ 4장 /

겨울 편

조선이 지워 버린 역사를 찾아
인왕산 일대를 거닐다

경복궁의 서쪽, 인왕산 일대는 안평대군의 자취가 곳곳에 스며 있어 역사의 숨결을 따라 거니는 의미가 있다. 세종대왕의 셋째 아들이며 예술과 문학을 사랑했던 안평대군은 차남인 수양대군[세조]이 일으킨 계유정난으로 사약을 먹고 죽임을 당한다. 권력을 잡고자 하는 비정한 욕망은 형제자매는 물론이요 때로 부모까지 죽음으로 몰고 간다. 세조 이후로는 안평대군의 사적을 철저하게 지우다 보니 시신도 무덤도 남아 있지 않다. 그가 평생을 수집한 문화재는 모두 뿔뿔이 흩어져 사라져 버렸고 역사에 흔적만 있을 뿐이다. 현재 일본 덴리대학에 소장되어 있는 몽유도원도는 안평대군이 꿈속에서 거닐었다는 무릉도원을 당대의 제일가는 화가 안견이 3일 동안 그려 낸 걸작이다.

이후 안평대군이 인왕산 기슭을 돌아보다가 꿈에서 본 풍경과 똑같다고 하여 무계정사라는 집을 짓고 자주 찾았다고 한다. 또한 수성동 계곡에는 자신의 호[비해당]를 딴 별장을 짓고 시와 그림을 그렸다고 전해진다.

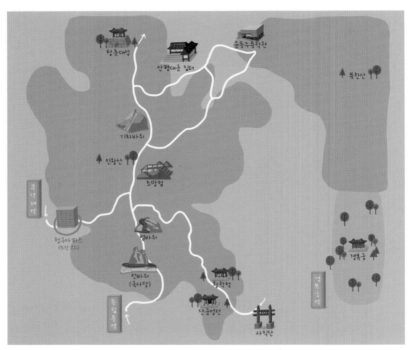

안평대군의 자취를 살펴볼 수 있는 인왕산 산책길

　이번 산책길은 인왕산 일대를 탐방하는 코스이며 세 갈래 길이 있으니 지도를 보고 선택하면 된다. 첫 번째는 독립문역에서 출발하여 정상에 올라 안평대군 집터를 거쳐 부암동으로 내려오는 길이다. 두 번째는 무악재역 2번 출구로 나와 청구아파트 테니스장 옆으로 오르는 진행이다. 정상까지 가장 빠르게 도달할 수 있는 코스로 약 20분 정도 소요된다. 지은이가 추천하는 탐방로는 독립문역 1번 출구에서 무악현대아파트로 진입하여 인왕사와 선바위를 넘어 정상으로 향하는 길이다. 한양도성길의 성벽 일부 구간을 타고 돌계단을 조금 오르면 꼭대기에 도달한다. 인왕산 일대 경관을 구경하고 하산길은 황학정으로 내려와 사직단에서 마무리하는 경로다.

어느 곳을 지나도 오밀조밀한 볼거리가 계곡 곳곳에 들어차 있어 마치 보물 지도를 들고 숨겨진 비경을 찾는 기분이다.

무불이 공존하는
인왕산 일대

기이한 풍취를 풍기는 인왕산 산책을 나서 보자. 지하철 3호선 독립문역 1번 출구로 나와 무악동 주민센터 방향으로 오르면 인왕사에 다다른다. 기묘한 느낌을 선사하는 벽화를 구경하며 조금만 걸음을 옮기면 무속인들이 신장을 모시고 있는 국사당이 나온다. 무학대사와 이성계, 그리고 여러 신장(단군, 최영 장군, 나옹화상 등등)을 받들고 있

무불이 공존하는 인왕사 일대의 암자와 사찰
이 계단을 조금만 오르면 국사당과 선바위가 나온다.

는 당집이다. 그야말로 인왕산 일대는 무불무속 신앙과 불교를 아울러 이르는 말이 공존하고 있다. 융합과 공존, 비비는 것은 우리 민족의 특성 중 하나가 아닐까? 이질적인 것을 섞고 비슷한 것도 엮어서 독특한 풍모를 만들어 낸다. 인왕사 일원은 개인 사찰과 무속 신앙이 한 장소에 공생한다. 70년대의 거리 풍경과 80년대의 매점이 보이고 가파른 계단 옆으로 범종이 있으며 분위기가 묘하다. 운때가 맞는다면 무당의 굿판을 볼 수도 있다.

원래 국사당은 남산팔각정에 있었으나 일제 강점기 때 신사조선신궁를 지으면서 현재의 자리에 강제로 옮겨진다. 국사당 아래에 신사가 위치하므로 마음에 들지 않는다는 이유에서였다. 처음에는 나라 국國에 제사 사祀를 썼으나 이전 뒤에는 스승 사師로 바뀌며 무학대사와 이성계 등을 모시는 사당으로 변모한다.

단군, 무학대사, 최영 장군 등을 모시는 국사당
원래는 남산팔각정에 있었으나 일제 강점기 때 강제로 옮겨진다.

국사당 옆에는 선바위가 있다. 마치 스님이 장삼을 입고 서 있는 것과 같다고 해서 선바위라고 불리운다. 뒤편에서 보면 수도승 복장과 비슷해 보이기도 하며 여기저기에 산재한 바위들이 오랜 풍화 작용으로 움푹 패여 색다른 모습을 보여 준다. 무속인들이 치성을 드리는 모습을 흔하게 볼 수 있으며 장닭과 암탉이 한가로이 노닐기도 한다.

여기서 15분 정도 오르면 한양도성길의 절개 부분에 이른다. 어둑해지면 성곽 길을 따라 은은한 조명이 비추고 서울 시내가 한눈에 보이므로 밤에도 산책을 나오는 사람이 상당히 많다. 계단을 따라 오르면 금세 정상에 다다른다.

바로 눈앞에는 북한산이 기운생동하고 좌우로는 안산과 북악산이 멋스럽게 자리한다. 경복궁 너머로 청와대 지붕이 눈에 들어오고 남산타워 옆으로는 관악산이 수도 서울을 호위하고 있다.

인왕산 선바위
오랜 풍화 작용으로 움푹 팬 바위의 모습이 기이하다.

인왕산에서 바라본 서울 도심 풍경
한양도성길을 따라 서울 시내가 한눈에 들어온다.

　　사방팔방으로 보는 맛이 시원하며 석양 무렵이면 붉은 빛이 한 가득 시야에 들어와 운치 있는 길이다. 북한산을 바라보며 능선 길을 따르면 중간쯤에 부암동, 세검정, 탕춘대성으로 내려가는 이정표가 나온다. 이쪽으로 하산해도 좋고 안평대군 집터가 있는 부암동으로 방향을 잡아도 훌륭하다.

무악재역에서 단군성전,
사직단으로

　　　　　　　　인왕산 정상까지 오르는 최단 코스는 무악재역에서 오르는 길이다. 무악재역 2번 출구로 나와 청구1차아파트 안에 있

황학정
국궁 쏘기를 체험하는 시민들.

는 테니스장 옆으로 난 소로를 따르면 채 20분도 안 되어 산꼭대기에 도착한다. 능선 길을 따라 범바위 아래로 한양도성 성곽이 그윽한 조명을 받으며 사직터널까지 유려한 선을 그리며 이어진다.

성곽을 따라 내려와 포장길을 만나 좌회전하여 호랑이 동상이 서 있는 길을 걸으면 황학정이 나온다. 1898년 고종 황제의 어명으로 경희궁 북쪽 담장 가까이에 세웠던 활쏘기 연습장이다. 일제 강점기 때 궁궐을 무너뜨리면서 현 위치로 이건하였다. 황학정 부지 내에 국궁전시관이 있으니 빼놓지 말고 들러 보자. 우리나라 활의 제작 과정에서부터 서양의 화살, 조선 시대에 만들어진 신기전^{다연장 로켓형 화살}을 자세히 살펴볼 수 있다.

바로 앞, 사직공원 한 켠에는 단군성전이 자리하고 중심에는 사직단이 위치한다. 역사 드라마를 볼 때 흔히 듣는 말이 '종묘사직'이다. 종묘宗廟는 역대 왕들의 신주를 안치하고 제사를 지내던 사당이며 사직社稷은 각각 토지와 곡식의 신에게 차례를 지내던 제단이다. 종묘사직은 곧 조선 왕조를 뜻하는 말이기도 하다. 경복궁을 기준으로 왼쪽에는 종묘가 있으며 오른편에는 사직단이 자리하는 이유다.

단군성전
한민족이 국조로 받드는
단군의 표준 영정을 봉안하고 있다.

사직단
사(社)는 토지의 신, 직(稷)은 곡식의 신을 의미하며 농업의 신에게 제사를 지내던 신성한 장소다.

인왕산의 해발 높이는 약 340미터라서 어렵지 않게 오를 수 있다. 가장 긴 코스를 종대로 걷는다 해도 2시간이면 충분히 오갈 수 있다. 인왕산은 북악산과 함께 조선 건국 때 한양 도읍의 주산으로 거론되던 산이다. 정도전은 북악산을 밀었고 무학대사는 인왕산을 말했다. 당시 풍수지리의 관점에서 보자면 북악이 주산이고 남산은 안산이요, 낙산을 좌청룡, 인왕산을 우백호로 삼았다고 전해진다.

관악산 제일의
해거름을 볼 수 있는
호암산성길

　　　　　　　　관악산에서 시흥동과 독산동 방면으로 뻗어
나온 삼성산 줄기에 자리 잡고 있는 호압사는 타는 듯한 붉은 노을을 언제
나 볼 수 있는 곳이다. 시흥2동에서 도보로 10여 분이면 도달하는 짧은 거
리이며 은근히 지세가 높고 시야를 가리는 사물이 없어서 산책 코스로 훌륭
하다. 호압사 바로 뒤편 호암산에 오르면 관악산 정상에서 보는 것만큼 시

호압사
무학대사가 창건한 사찰로서 범의 기운을 누른다는 뜻.

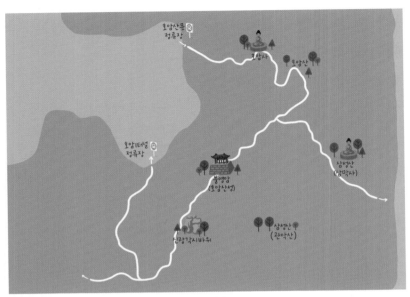

인천에서부터 하남시까지 조망할 수 있는 호암산 산책길

원한 풍광이 펼쳐진다. 호압虎壓이란 '범의 기운을 압박한다'는 뜻이다. 삼국 시대부터 위세를 떨치던 풍수지리설의 관점에서 보자면 관악산의 불기운과 삼성산호암산의 호랑이 지세가 한양 궁궐을 위협한다고 여겼다. 왕명에 의해 불과 범의 으르렁거림을 막고자 1391년 무학대사가 이곳에 절을 짓고 호압사라 명명한다. 고리타분할 수도 있는 풍수지리설을 말하지 않더라도 호암산에 올라 보면 산맥의 흐름을 알 수 있다. 크고 작은 바위가 경복궁을 향해서 삐죽삐죽 솟아 있기 때문이다.

이번 산책길은 호압사에서 시작하여 불영암(호암산성)을 거쳐 호암1터널 방면으로 향하는 코스다. 걷는 내내 지는 노을을 감상할 수 있으며 신랑각시바위의 다정한 모습이 시선을 잡아끈다. 빠른 걸음이라면 한 시간 정도 소요되며 가뿐가뿐 진행하더라도 두 시간이 채 안 되는 경로다.

언제나 붉은 노을을
감상할 수 있는 호압사

대중교통으로 호압사 입구까지 가는 방법은 3가지다. 첫 번째는 지하철 2호선 서울대입구역 3번 출입구로 나와 6515번 버스를 타고 가는 방법. 두 번째는 지하철 2호선 신림역 3번 출구로 나와 헌혈카페 앞에서 152번 버스 승차. 마지막은 지하철 1호선 금천구청역 1번 출구로 나오자마자 횡단보도 앞에서 금천01 마을버스를 타고 가는 길이다.

입구인 호암산문을 지나 포장도로를 오르면 10분도 안 되어 호압사에 도착한다. 그렇게 큰 규모는 아니지만 약사전과 삼성각, 8각9층석탑과 범종각 등이 큐빅 같이 짜여 있어 곳곳을 둘러보는 재미가 있다. 종무소 옆에 전망대가 마련되어 있으니 벤치에 앉아서 느긋하게 지는 해를 감상할 수 있다. 보온병에 담아 온 향기로운 차라도 한 잔 있으면 금상첨화다.

서편 구름산 너머로 붉은 노을이 아지랭처럼 진다. 범종각의 종소리가 은은히 퍼지는 가운데 석양의 분위기에 흠뻑 취해 볼 수 있다. 어떠한 값비싼 스피커로도 재현할 수 없는 현실감이다. 꼭 호압사에서 보는 해거름이 아니더라도 산세가 서쪽을 향해 있기에 불영암을 지나 석수역 방향으로 가는 산책길 어디서나 지는 해를 감상할 수 있다.

손에 잡힐 듯 느껴지는 호암산을 향해 계단을 오르다가 뒤돌아서면 분지 속에 자리 잡고 있는 호압사가 드러난

호압사의 해넘이
호압사에서 구름산 너머로 불타는 석양이 지고 있다.

호암산 정상부의 탁 트인 풍경
좌하단에 보이는 호압사에서 호암산까지는 겨우 20분 정도의 거리다.

다. 그 앞에 펼쳐진 도심지와 묘한 대비를 보여 주기에 어찌 보면 바윗돌이 해자垓字 역할을 하는 천연 요새처럼 느껴진다. 정녕 호암산성이란 이름에 걸맞는 풍경이요 범이 숨어 있을 만한 경관이다.

　호암산 정상에 오르면 시야를 가리는 수목이 없기에 사방팔방으로 장쾌한 풍광이 펼쳐진다. 헬기장 너머 전망대에 서면 호압사에서 보는 풍취와는 또 다른 맛을 선사한다. 지세를 따라 울쑥불쑥 솟구친 바위에 오르면 감탄사가 저절로 나온다. 아마도 관악산 제일의 조망 지점이 아닐까 한다. 너무 높이 오르면 현실감이 떨어지기 때문이다. 사람은 비교 대상이 있어야 그 차이를 더 극명하게 느낀다. 한편, 호암산 조망대에서 장군봉 방향으로 길을 나서면 국기봉을 거쳐 삼성산으로 갈 수 있다. 한 시간이 채 안 되는 거리이므로 왕복 코스로 삼을 만하다.

결을 따라 석양을
감상할 수 있는 불영암

　　　　　지금은 흔적만 남아 있는 호암산성은 신라의 삼국 통일 과정에서 축성되었다. 과거에는 북한산성, 행주산성, 남한산성과 연계하여 수도 방위의 한 축을 담당했다. 호암산성 옆 불영암에는 통일신라 시대에 판 '한우물'이 있으니 1년 내내 샘물이 마르지 않는다. 관악산이 대체로 돌산임에도 이렇게 물이 샘솟는다니 놀라울 따름이다.

불영암의 저녁 예불
은은한 종소리가 시흥동까지 울려 퍼진다.

불영암을 지키며 스님이 타종할 때 그 앞에 앉아 낯선 객을 경계하는 녀석이 복실이다. 스님의 말에 따르면 새끼를 100여 마리나 낳은 다산 장수개라고 한다. 털 색깔도 오묘한 칡개다. 털이 뻣뻣하고 거칠지만 겉모습과 달리 순한 녀석이라 절밥을 얻어먹는 고양이와 친하게 지내고 있다. 접두어 '칡' 또는 '측'은 칡덩굴 같은 줄무늬를 가졌다는 뜻이다. 칡소, 칡개, 칡범, 측범잠자리 등으로 쓰인다. 예전에는 표범과 구별하기 위해서 호랑이를 칡범이라고 불렀다.

불영암에는 큰 바위를 몸체로 하는 부처의 머리가 경사진 암반 위에 모셔져 있으며 저녁 예불 때 울리는 그윽한 종소리는 그 아래 시흥동까지 들린다. 석구상해태상을 따라 길을 내려가면 칼바위, 사랑바위신랑각시바위 등이 있어 둘러보는 재미가 있다. 계속 진행하다가 호암산폭포 방면으로 빠져나오면 호암1터널 앞에 버스 정류장이 있다. 만약, 산책을 더 이어가고 싶다면

불영암의 수문장 노릇을 하는 복실이와 고양이
스님이 범종을 울릴 때마다 지킴이를 자처한다.

다정한 모습의 신랑각시바위
불영암에서 석수역으로 내려가는 길에 서 있는 바위 한 쌍.

석수역 방면으로 하산하는 것도 괜찮은 선택이다. 중간에 경인교육대학교로 내려오거나 관악역까지 한달음에 갈 수 있다.

한편, 호압사와 불영암 사이에는 시흥동을 바라볼 수 있는 제법 널찍한 암반이 있고 이 지점에서 좌측으로 빠지면 국기봉을 지나 446봉이 지척이다. 여기서 포장도로를 타고 삼막사를 거쳐 염불사를 지나 안양예술공원으로 하산하는 코스도 괜찮은 선택이다.

낙성대 빌라촌 사이,
강감찬 장군의 생가터가 있다

관악산의 한 줄기 지하철 2호선 낙성대역은 거란의 침략으로부터 고려를 구한 강감찬 장군을 기리는 명칭이다. 낙성落星이란 한자에서 알 수 있듯이 그가 태어날 때 '생가에 큰 별이 떨어졌다'고 해서 지어진 이름이다. 이러한 별똥별 관련 출생담은 범상치 않은 인물에 대한 세계 여러 나라의 민담과도 유사하다. 또 다른 설화로는 고려에 온 송나라 사신이 강감찬을 보고는 문곡성北斗七星의 화신이라 여겨 절을 했다는 이야기도 전해진다. 강감찬의 출생지로부터 약 400m 떨어진 곳에 안국사(낙성대공원)라는 사당을 짓고 여기에 장군의 위패를 모셨다. 귀주대첩을 승리로 이끈 그는 84세로 생을 마감하며 임금으로부터 인헌仁憲이라는 시호를 받는다. 낙성대역 일대가 오늘날까지 인헌동이라고 불리는 까닭이다. 귀주대첩은 을지문덕의 살수대첩, 이순신의 한산대첩과 함께 우리나라를 외적으로부터 구한 3대 대첩이다.

이번 산책기는 낙성대역에서 시작하여 관음사를 둘러보고 사당역으로

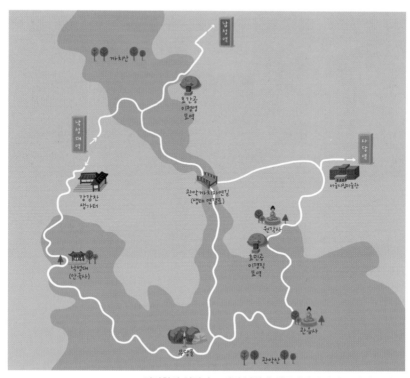

강감찬의 영정이 모셔진 낙성대 안국사에서 사당동 일대 탐방 길

회귀하는 코스다. 중간에 조망이 근사한 무당골을 지나고 원각사와 서울시
립미술관을 거치게 된다.

강감찬 장군의 생가터와
위패가 모셔진 안국사

산책은 지하철 2호선 낙성대역 4번 출입구에
서 시작한다. 주유소 옆길로 좌회전하여 한동안 걸으면 빌라촌 사이에 강

강감찬장군낙성대유허비
별이 떨어졌다고 전해지는 강감찬의 생가터.

감찬 생가터가 자리한다. 주택가 한복판에 있는 흔한 공원처럼 보이므로 그냥 지나치기 쉽다.

자그마한 안내판과 식재된 소나무 사이로 들어서면 돌 거북 위에 '강감찬장군낙성대유허비'가 세워져 있으며 수령이 180년 된 향나무가 방문객을 반긴다. 1973년 낙성대공원을 조성하면서 이곳에 있던 3층 석탑은 안국사 경내로 옮겨지고 1974년에는 생가터가 서울특별시 기념물로 지정되었다.

안국사
거란의 침략으로부터 고려를 구한
인헌공 강감찬을 기리는 사당.

생가를 뒤로하고 5분여 걷다 보면 관악문화예절원 옆이 낙성대공원이다. 동네 주민을 위한 도서관과 더불어 전시

안국사 경내
귀주대첩으로 인헌이라는 시호를 받는다.

관, 소극장 같은 건물이 들어서 있다. 안국문으로 들어서면 강감찬의 영정을 볼 수 있으나 이는 친일 화가 장우성이 그린 것이므로 교체해야 옳으며 표준 영정 지정에서도 해제해야 마땅하다.

석등이 시립하여
길손을 이끄는 관음사

안국문을 나오자마자 왼편 오솔길로 들어서 한동안 걸음을 옮기면 무당골에 다다른다. 암반 위에 지어진 전망대에 서면 관악구 일대가 시야에 들어오므로 그럭저럭 볼 만한 풍경이다. 만약 무당골로 바로 가고 싶다면 인헌자락공원 옆의 삼정그린빌과 봉천동 아파트 사잇길로 들어서면 곧바로 도착한다.

무당골 조망 지점
관악산 관음사와 낙성대 사이의
무당골에서 바라본 풍경.

신라 도선국사가 창건한 관음사
꽃망울이 올라오기 시작하는
관음사 경내 풍경.

남현동에 자리한 관음사는 신라 진성여왕(895년) 때 도선국사가 창건한 절이라고 한다. 일주문에서 대웅전까지 걷는 산뜻한 오솔길에 석등이 시립하여 찾는 이를 맞이한다. 대웅전을 비롯하여 삼성각, 명부전, 범종각 같은 건물이 있으며 여느 사찰에서는 보기 드문 용왕각이 있다. 물과 바다를 주관하는 용은 불법佛法을 수호한다고 전해진다.

전각, 석탑, 공덕비 등을 살펴보고 관음사 좌측 길로 조금만 걸음을 옮기면 제법 넓은 암반이 나온다. 여기서 바라보는 조망이 훌륭하며 미세먼지 없는 청명한 날에는 저 멀리 남산타워를 넘어 북한산까지 시계가 펼쳐진다.

관음사를 내려와 사당동 방면으로 가다 보면 효민공 이경직 묘역이 있으나 철망이 가로막고 있어 들어가 볼 수는 없다. 인조반정이귀·김유 등 서인 일파가 광해군 및 집권파인 대북파를 몰아내고 능양군인 인조를 즉위시킨 정변 때 공을 세운 이괄은 논공행상에 불만을 품고 난을 일으킨다. 이때 이경직은 반란군 진압에 힘을 보태어 이후 병조참판을 지낸다.

한편, 이괄의 동료였던 한명련의 아들 한윤이 후금으로 달아나 3년 뒤 조선 침략을 이끌어 내니 이것이 정묘호란이다. 사실 역사를 깊이 들여다보면 이괄로 하여금 군사를 일으킬 수밖에 없도록 만든 것이 당시의 정세임을 알 수 있다.

고풍스러운 시립미술관
남서울분관

관음사를 나와 조금 걷다 보면 빌라 사이에 불쑥 나타난 듯한 분위기를 풍기는 원각사가 나온다. 껄껄껄 웃고 있는 포대화상이 산책객을 반기며 대웅전 옆의 와불이 편안한 미소를 머금고 있다. 지척에 자리한 사당초등학교 앞에는 민족의 배신자 서정주 시인의 집이 있다. 그는 친일인명사전에 이름이 올라간 반민족행위자로서 철저하게 권력을 추종한 인물이다.

남현동 원각사
관악산 자락, 남현동 주택가에 위치한 절.

일제 강점기 때는 황국신민화 정책을 찬양했으며 광복 뒤에는 이승만과
전두환을 칭송하며 기회주의자로 살았다. 어이없게도 서정주의 집은 2003
년 이명박 시장이 7억 5천만 원의 시비를 들여 사들였고 오세훈 시장 때 개
보수하여 2013년에는 서울미래유산으로 지정되었다.

다시 걸음을 옮겨 서울시립 남서울미술관으로 가 보자. 이 건물은 벨기에
영사관으로서 1905년에 회현동에 세워졌으나 불행한 근현대사를 거치면서
남현동으로 이건되어 오늘에 이르고 있다. 외관도 옛스럽지만 안으로 들어
가면 20세기 초의 고풍스런 느낌이 물씬 풍긴다.

산책을 이어 가고 싶다면 까치산을 타고 넘어 7호선 남성역으로 빠지는
것도 좋은 선택이다. 낙성대역 방향으로 약간만 걸으면 까치산으로 넘어갈
수 있는 생태 다리가 보인다. 중간쯤에 효간공 이정영의 묘소가 있으며 이
곳에서 방배동과 서초동 일대를 조망할 수 있다.

서울시립 남서울미술관
옛 벨기에 영사관으로서 현재는 서울시립미술관 남서울분관으로 쓰인다.

효간공 이정영 묘역
까치산 자락에 위치하여 방배동과 사당동을 조망할 수 있다.

　이정영은 효민공 이경직의 셋째 아들로서 병자호란 때 소현세자가 볼모로 청나라에 갈 때 동행하였다. 묘역 앞에는 오래된 보호수가 있으니 사당동의 유래를 설명하는 듯 그 자태가 당집의 느낌을 보존하고 있다.

　휘휘 둘러 사당종합사회복지관 방면으로 내려오면 지하철 7호선 남성역에 이른다.

매바위에서
연꽃을 감상하고
연희별궁을 거닐다

북한산 줄기의 한 자락인 백련산은 은평구민의 산책 코스로 그만인 곳이다. 인왕산과 안산 너머에 있기에 비교적 찾는 이가 적어서 호젓할 따름이다. 해발 높이가 200m를 조금 넘는 동산이며 편자 모양이라 한 바퀴 돌아서 원점으로 회귀할 수도 있고, 홍제천을 넘어 연

백련사 종각
분위기 있는 노을을
감상할 수 있는
백련사 범종각.

296

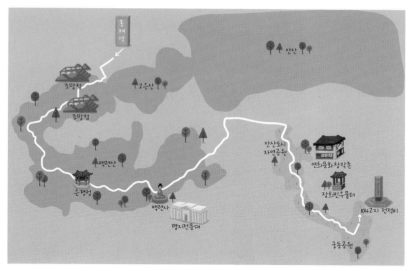

백련산과 연희동 산책 코스

희동 안산도시자연공원과 궁동공원까지 거닐어 볼 수 있다.

백련白蓮은 흰 연꽃이란 뜻이며 여기에 자리한 태고종 백련사로 인하여 붙여진 이름이다. 과거에는 이곳에서 왕족과 양반이 매사냥을 즐겼다고 전해지기에 동네 이름이 매 바위란 의미를 지닌 응암동鷹岩洞이 되었다.

암반 위 정자에서 보는
풍광이 매력적

　　　　　　　산책은 지하철 3호선 홍제역 4번 출구로 나와 고가 도로 아래의 사잇길(현대빌리지)에서 시작한다. 길을 따라 오르면 몇 군데 조망 지점에 아담한 전망대가 마련되어 있어 무악재 일대를 부감하는 재미가 남다르다. 뒤편을 돌아보면 북한산 능선이 망원경을 통해 본 듯 가

백련산 초입의 조망 정자
홍제동과 안산 일대를 굽어보며 남산까지 시계가 펼쳐진다.

까이 다가와 손에 잡힐 듯하다. 인근에 높은 건물이 없다 보니 작은 동산임에도 시야가 탁 트여서 곳곳을 살펴볼 수 있다.

길을 따라 정상부에 오르면 한강부터 북한산까지 한눈에 조망할 수 있는 은평정이 나온다. 전통 양식의 정자에 현대식 콘크리트 계단이 어설프게 짝을 맞추고 있어 정체가 모호하지만 여기서 보는 풍광이 이번 산책 코스에서 으뜸가는 조망점이다.

매 바위란 명칭에 어울리게 수십 마리의 새 떼가 노니는 모습을 볼 수 있다. 바로 앞에 자리한 북한산 능선을 배경으로 까만 점들이 살아 움직이며 부유하는 듯한 착각을 불러일으킨다. 정상에서 백련사 쪽으로 접어들면 이 지역 난시청 해소를 위한 지상파 중계탑 3기가 나란히 서 있으니 마치 현대판 장승을 보는 듯하다.

백련사는 신라 경덕왕 때 진표율사가 창건했다고 알려져 있으나 관련 기록이 없어서 확실하지는 않다. 이후 조선에 들어와 무학대사의 독려로 함허대사가 중창하였다고 한다. 창건 당시 이름은 정토사였으나 조선 제7대 왕 세조의 첫째 딸인 의숙공주가 부마인 하성부원군 정현조의 원찰로 정하면서 백련사로 이름이 바뀐다.

은평정에서 바라본 북한산 방면

이후 임진왜란 때 소실되었으나 수 차례에 걸친 중수로 오늘에 이르고 있다. 큰 규모의 가람은 아니지만 오래된 사찰이다 보니 해탈루의 법고, 범종각, 무량수전, 명부전, 약사전 등의 전각이 자리한다. 일몰과 함께하는 노거수는 80년대의 분위기를 느낄 수 있게 해 준다. 홍제역에서 여기까지 마을버스 서대문10번이 다니므로 곧바로 접근할 수 있다.

안산도시자연공원에서
궁동공원까지

백련사를 뒤로하고 명지고교와 명지초교 사잇길로 내려와 홍제천을 건너 연희지하차도 교차로에서 우회전하면 안산도시자연공원의 들머리가 나온다. 이 지역은 70년대에 개발된 전형적인 주거구역이므로 상당히 조용한 편이지만 한국 전쟁 당시에는 치열한 격전지였기에 '104고지 전적비'가 서 있다.

높은 건물이 없고 80년대 분위기를 느낄 수 있는 단독 주택과 빌라가 들

거울에 비친 연희동과 안산
주거 지역이라서 높은 건물이 없고 한적하다.

궁동공원에서 바라본 연희동 풍경
꽃길을 따라 방풍림이 세워져 있다.

어차 있기에 아파트 단지가 **빽빽**한 서울에서 색다른 풍취를 느낄 수 있다. 연희동 뒤편에 자리 잡고 있는 안산과 궁동공원에서 바라보는 신촌 방면 풍경이 제법 시원한 맛을 선사한다. 아울러 지자체에서 능선을 따라 꽃길을 만들고 조림을 해 놔서 걸어 볼 만하다.

봄철이면 철쭉, 장미, 영산홍 등이 화사하게 피어나고 방풍림 사이로 알록달록한 주택의 지붕이 한가득 펼쳐진다. 과거 이곳에는 임금이 잠시 머물던 별장인 연희궁이 있었다고 전해진다. 세종대왕이 아버지 태종을 위해 지은 별궁이었으나 독사와 해충이 많다는 이유로 자주 이용되지는 않는다. 연산군 때 연회장으로 꾸미면서 궁궐의 지위는 상실되었으며 광해군 시절에 완전히 불타 없어진다. 뒷날 이 자리에 영조가 사도세자의 생모 영빈 이씨의 묘소인 수경원을 조성하면서부터는 서서히 역사의 뒤안길로 사라져 버린다.

　숙종의 총애를 받던 궁녀 장옥정은 왕비 아래의 서열인 희빈이라는 품계를 받으니 바로 장희빈이다. 인현왕후가 복위되고 장희빈은 권좌에서 쫓겨나 이곳 연희궁 근처에 잠시 머물게 된다. 이때 그녀가 길어 마셨던 우물을 지자체에서 복원하여 '장희빈우물터'라고 칭하고 있으나 역사의 기록은 아니고 구전으로 내려오는 이야기다.

고라니 뛰노는 헌릉, 인릉에서
조선의 역사를 보다

양재천과 탄천이 한강으로 합류하는 지역에 위치한 대모산大母山은 강남구의 약 $\frac{1}{3}$을 차지하는 녹지 공간이다. 해발 300미터가 채 안 되는 동네 뒷산이지만 한자에서 알 수 있듯이 '큰 어머니' 같은 편안함을 주는 곳이다. 정상에 서면 위쪽으로 북한산이 시야에 들어오며 서쪽으로는 고양시, 동편으로는 하남시를 살펴볼 수 있다. 이번 산책 경로는 지하철 3호선 일원역에서 시작하여 대모산 정상을 거쳐 서초구 방면으로 하산하다가 '서울 헌릉과 인릉'을 관람하는 코스다.

걷기의 시작은 지하철 일원역 5번 출입구로 나와 대모산도시자연공원으로 진입한다. 산자락을 따라 아기자기한 공원을 조성해 놓았기에 둘러보는 재미가 있다. 지자체가 마련해 놓은 야생 화원, 유아 숲 체험원, 체력 단련장 같은 주민 친화 시설이 있으므로 꼭 등산이 아니더라도 기분 전환 삼아 거닐어 보는 것도 좋겠다.

이정표가 이끄는 방향을 따라 불국사로 가면 약사보전 안에 서울시 유형

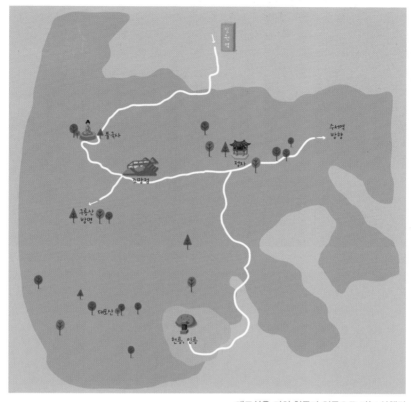

대모산을 거쳐 헌릉과 인릉으로 가는 산책길

문화재로 지정된 석조약사불좌상이 봉안되어 있다. 전각이 두 채밖에 안되는 조그마한 사찰이지만 연원은 고려 공민왕 때까지 올라간다. 안내문을 보니 1353년 진정국사 천책이 창건하였으며 조선 고종 때 이곳으로 옮겨왔다고 적혀져 있다.

그러나 금강신문에 나온 최기표 교수의 2011년 기사를 보면 스님이 태어난 해가 1206년이므로 시대가 맞지 않는다. 오랜 내용이므로 후대 사람에 의해 덧붙여지고 각색된 것으로 보인다. 민족의 비극, 한국 전쟁으로 사찰

진정국사 천책이 창건했다고 전해지는 대모산 불국사

대모산에서 바라본 송파구와 강남구 경치

이 불타 없어지고 약사불상만 남았었으나 1964년 관악산 삼막사 주지를 지낸 권영선과 김영길에 의해 중창되어 지금에 이르고 있다고 한다.

불국사를 나와 수북이 쌓인 낙엽을 밟으며 잠시 걷다 보면 개포동과 잠실 일대를 굽어볼 수 있는 전망대가 나온다. 대모산 정상 보다는 이곳에서 보는 풍광이 더욱 좋다. 여기서 꼭대기까지는 금방이므로 몇 군데 벤치에서 잠시 숨을 고르고 경치를 감상해 보자.

형제를 죽이고 전제 왕권을 확립한
태종 이방원

산등성이를 오르면서 송파구와 강남구 일대가 한눈에 들어오므로 한강 물줄기를 가로지르는 다리를 넘어 구리시까지 조망할 수 있다. 산마루 서쪽은 구룡산으로 이어지고 동편은 수서역 방향으로 걸쳐 있다. 이 중간 지점에 있는 사잇길을 따라 내려가면 서울 헌릉과 인릉이 자리한다. 서울 시내 산자락임에도 사람의 왕래가 적고 개발 제한 구역이라 뛰어노니는 고라니를 심심치 않게 볼 수 있다.

유네스코 세계문화유산으로 지정된 헌릉은 '왕자의 난'으로 형제를 죽이고 조선의 제3대 임금에 오른 태종 이방원과 원경왕후 민씨의 묘역이고, 인릉은 조선 제23대 왕인 순조와 순원왕후의 합장릉이다.

조선이 개창되기 1년 전에 사망한 신의왕후 한씨는 태조 이성계와의 사이에서 6남 2녀의 후사를 보았다. 차남인 방과가 조선 제2대 임금인 정종이고 다섯째 아들인 방원이 태종이다.

정안대군 이방원과 삼봉 정도전은 조선 건국의 1등 공신이었다. 방원은 16세에 문과에 급제할 정도로 명석했을 뿐 아니라 무인으로서의 자질도 출

헌릉
조선의 3대 임금인 태종과 원경왕후 민씨의 묘역.

중했다. 정도전은 태조 이성계의 장자방으로서 조선 개국의 기틀을 마련한다. 나라의 운세가 기울어 가던 고려 말, 역성혁명에 반대하던 정몽주는 이성계와 정도전 일파를 제거하려다가 이방원에게 죽임을 당한다. 이 일로 방원은 이성계의 분노를 샀을 뿐 아니라 신덕왕후 강씨와 정도전의 배척으로 공신에서 탈락한다.

말년의 이성계가 두 번째 부인 신덕왕후 소생인 방석을 왕세자로 책봉하자 사달이 난다. 방원은 1차 왕자의 난을 일으켜 반대 세력인 정도전과 남은 등을 죽이고 이복동생인 방석과 방번마저 살해한다. 이후 2대 임금으로 정종이 추대되고 자신을 세자에 책봉시켜 후계자임을 공고히 한다.

정종 2년에 넷째 형인 방간이 박포와 공모해 2차 왕자의 난을 일으켜 자신을 죽이려 하자 방원은 이를 평정하고 실권을 장악한다. 비록 임금의 자리에 있던 정종이지만 이방원의 무력 앞에서 정사를 돌볼 수 없었기에 왕권을 양위하고 상왕으로 물러난다. 즉위한 태종은 외척과 공신을 제거하여 전제 왕권을 확립한다.

역사의 아이러니는 강력한 군주와 힘 없는 임금이 이웃하게 만들었다. 전자가 헌릉이고 후자가 인릉이다. 조선 중흥을 이끈 영·정조 시대가 막을 내리고 조선의 국운은 서서히 기울고 있었다. 11살이라는 어린 나이에 임금에 오른 순조를 대신하여 정순왕후영조의 두 번째 왕비가 수렴청정을 하였고 이후로는 안동 김씨의 세도정치로 부정부패가 만연했기 때문이다.

흉년이 이어지고 홍수가 덮치며 전염병이 창궐하는 데다 탐관오리의 가혹한 수탈로 민심이 갈수록 피폐해졌다. 평안도에서 홍경래의 난이 일어나고 실학자 정약용이 유배되었으며 영국 상선 암허스트호가 무력으로 통상을 요구하는 등 혼란스러운 시절이 이어진다.

인릉
조선의 23대 임금인 순조와 순원왕후의 합장릉.

서울에서 신석기 시대
체험할 수 있는 곳,
여깁니다

수도 서울의 동쪽 끝자락에 위치한 강동구 암사동은 서울에서 가장 오래된 동네로서 역사의 첫 문단을 장식하는 지역이다. 한강 변에 자연스럽게 발생한 취락 지구로서 우리나라 신석기 시대의 유물이 발굴 당시의 모습 그대로 선사 유적지에 전시되어 있기 때문이다. 암사동이라는 명칭의 기원은 조선 전기에 나온《신증동국여지승람》에 기록되어 있다. 백제 시대 때 여기에 있었던 백중사伯仲寺가 '암반 위에 세워진 절'이라고 하여 암사라는 별칭으로 불린 데서 유래한다.

암사동과 맞닿아 있는 고덕동에는 해발 높이가 겨우 80여 미터에 불과한 고덕산이 자리한다. 이곳에는 서울시 유형문화재로 지정된 광릉부원군 이극배와 후손들의 묘역이 자리하고 있다. 그는 조선 초의 문인이자 관료로서 세종부터 연산군까지 일곱 임금을 섬기면서 도덕 정치를 실천했다고 전해진다. 고덕산 정상에 오르면 한강 변을 따라 시원스럽게 길을 낸 올림픽대로 너머로 구리대교(또는 고덕대교)를 바로 눈앞에서 살펴볼 수 있다.

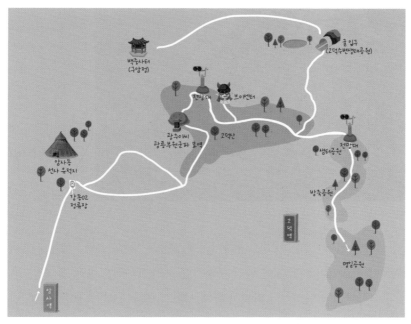

암사동과 고덕동 일대 산책 루트

　이번 산책은 선사 유적지에서 조상님들의 생활사를 살펴보고 사장교 형식으로 세워진 고덕대교를 둘러보는 것만으로도 후회하지 않을 코스다.

서울에서
가장 오래된 동네

　　　　　　걷기의 출발지는 암사동 선사 유적지다. 지하철 8호선 암사역 1번 출구로 나와 도보로 가거나 강동02번 마을버스를 타면 금방 도착한다. 암사동 선사 유적지에는 움집을 비롯하여 석기 시대의 주거 환경을 고대로 재현해 놓았으며 박물관 안에는 출토된 유물이 관람객

암사동 선사 유적지
신석기 시대의
주거 환경을
재현해 놓았다.

의 시선을 잡아 끈다. 약 8만 제곱미터에 달하는 평지에 여러 체험 시설과 수목이 식재되어 있어 길을 따라 구경하다 보면 반나절은 훌쩍 가 버린다.

신석기 빗살무늬토기와 더불어 백제 시대의 민무늬토기, 청동화살촉, 옹관 등이 함께 출토되어 기원전 5,000년 경의 생활을 짐작할 수 있게 해 준다. 유구 보호각에 발굴 현장을 보존해 놓았으며 영상과 함께 음성으로 설명을 더하고 있어 이해를 높여 준다. 아이들을 위한 선사 시대 체험도 할 수 있으므로 날을 잡아 온 가족이 함께 찾는 것도 괜찮을 듯싶다.

레이저 같은
케이블이 지탱하는 사장교

선사 유적지를 나와 비닐하우스가 밀집한 들판을 넘으면 암사정수센터 교차로에서 고덕산으로 오르는 길이 나온다. 강동구청의 안내판을 보니 고덕동이라는 지명은 고려 말 형조참의를 지낸 석탄 이양중이 이성계의 조선 건국을 반대하며 이곳에 은거하였기에 '높은

덕'을 가진 인물이라 추앙받은 데에서 기원한다.

뒷날 태종 이방원이 의형제인 그를 찾아 한성부윤을 제수하였으나 끝내 거절하였다고 전해진다. 이방원의 하여가에 답한 정몽주의 단심가만큼 널리 알려져 있지는 않지만 태종이 찾을 때마다 거문고를 들고 대작했을뿐 한사코 벼슬길을 거절하는 절개를 지켰다고 한다.

이정표가 이끄는 대로 찬찬히 걷다 보면 광릉부원군파 묘역이 나온다. 이극배는 관리로서의 능력을 인정받아 여러 고위직을 거치면서 말년에 영의정에 제수되었으나 노령을 이유로 거절하였기에 사후에 광릉부원군에 봉해진다. 연산군이 내린 시호는 익평이다. 이극배는 도량이 크고 청렴했을 뿐 아니라 가무를 멀리하는 고고한 삶을 살았다고 한다.

묘역에서 조금 더 오르면 고덕산의 정상인 매봉에 이르고 구리시와 강동구를 연결하는 고덕·구리대교의 위용을 볼 수 있다. 사장교 방식으로 지

사장교 형식으로 건설된 구리대교
교각 없이 높이 세운 기둥에서 늘어뜨린 케이블이 무게를 지탱한다.

어져 교각이 없으며 높이 세운 버팀기둥에서 케이블이 길게 늘어져 무게를 지탱하는 구조다.

매봉 북서쪽으로 500여 미터만 가면 옛 백중사 자리라고 여겨지는 곳에 구암서원터가 흔적을 남기고 있다. 이곳으로 가려면 고덕수변생태공원 굴로 들어가야 하므로 접근성이 떨어진다. 이극배의 할아버지가 《둔촌유고》를 펴낸 이집이다. 조선 숙종 때 '구암'이라 사액되었으며 광주 지방 여러 유림의 위패를 모셨다고 하나 지금은 구암정이라는 단출한 정자가 덩그러니 서 있을 뿐이다.

길을 따라 고덕산을 내려와 횡단보도를 건너면 샘터공원과 방죽공원을 거쳐 명일공원까지 걸을 수 있다. 샘터공원 초입에는 선사 시대를 떠올리게 하는 조그마한 전망대(트리 하우스)를 설치해 놓았기에 주변을 둘러볼 수 있다. 이어지는 방죽공원은 백제 개로왕이 풍납동까지 쌓은 방죽이 있던 마을에서 유래한다.

지는 해를 품에 안으며
고부랑길을 걸어 보시죠

북한산이 강북에 우뚝 솟아 매서운 겨울 북풍
을 막아 주는 흙산이라면 강남의 관악산은 수도 서울을 감싸는 병풍 역할을
하는 돌산이다. 관악산을 구성하는 세 개의 봉우리를 따라 정상에는 수직 절
리로 이름난 연주암이 있고 원효, 의상, 윤필 스님의 수도처로 유명한 삼성

석양빛이 낮게 깔리는 산책길
삼막사에서 경인교대까지 이어지는 포장도로.

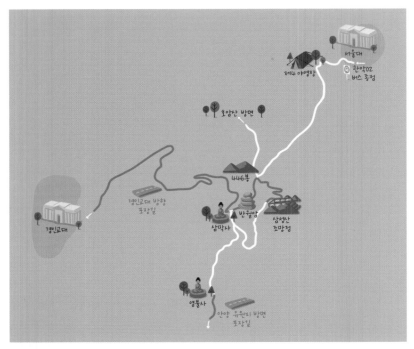

관악산 봉우리 삼성산 산책길

산에는 삼막사가 자리한다. 서북쪽으로 호암산 봉우리에는 호랑이 기운을 누르기 위해 세운 호압사가 널리 알려져 있다.

돌산이다 보니 사람에게 회자되는 사찰보다는 산세를 따라 흩어져 있는 30여 군데의 기암괴석이 더 볼 만하다. 이번 산책 코스는 서울대 건설환경 종합연구소에서 출발하여 제4 야영장을 거쳐 삼성산에 올라 삼막사를 둘러보고 경인교대로 내려오는 길이다.

삼성산 정상에서 경인교대까지는 포장도로가 계속 이어지므로 산책의 첫 40여 분 정도만 산길을 걸으면 그 다음은 평탄한 길이 이어진다. 지하철 2호선 낙성대역 4번 출구로 나와 마을버스 관악02번을 타고 종점인 서울대

건설환경종합연구소에서 하차하여 오르는 길을 추천한다.

서울대학교 정문에서 시작하는 길은 너무 많은 사람이 찾으므로 주말에는 피하는 것이 좋다. 주유소 건너편에서 마을버스를 타고 서울대학교 안으로 들어서면 지은이의 말을 실감하게 될 것이다. 서울대 관악 캠퍼스는 교통수단을 타고 돌아다녀야 할 만큼 넓다.

계곡 길을 따라 30여 분 오르면
평탄한 길

버스에서 하차하여 이정표를 따라 조금만 내려오면 계곡을 지나 제4 야영장이 나온다. 콧노래를 부르며 골짜기를 오르다 보면 삼성산으로 갈라지는 푯말이 보인다. 사박사박 40여 분쯤 오르다가 나무 계단을 만나면 삼성산 정상이다. 계단이 끝나는 곳이 446봉이고

삼성산 조망점에서 바라본 안양시 풍경

여기서부터 포장도로가 휘돌아 나가며 길을 안내한다.

삼막사로 내려가기 전에 왼쪽 길을 따라 10여 분 오르면 안양시를 조망할 수 있는 조그마한 빈터가 있으니 온 김에 둘러볼 것을 권한다. 이곳에서 훑어보는 경치가 은근히 볼 만하다. 다시 446봉으로 회귀하여 포장도로를 타고 반월암과 삼막사로 내려가 보자. 우측으로 깊은 계곡을 마주하며 10여 분쯤 걷다 보면 자그마한 암자가 나온다.

입구를 따라 세워진 시주석에는 불교의 진언 '옴 마니 받메훔'이 붉은 글씨로 파여져 있으니 일종의 자기 암시라고 해석하면 될 터이다. 산스크리트어를 음차한 진언으로서 계속 되뇌이면 관세음보살의 자비로 번뇌와 업이 사라지고 지혜와 공덕을 갖추게 된다는 의미다.

'전설에 의하면 이 삼성산에 원효元曉가 삼막사三幕寺를, 의상義湘이 이막사二幕寺를, 윤필尹弼이 일막사一幕寺를 창건하였는데, 그 뒤 일막사와 이막사는 없어지고 삼막사만 남았다고 하며, 고려 말기에 나옹懶翁이 이 절을 중창하고 반월암이라 하였다고 한다.' (한국민족문화대백과사전)

반월암 시주석
옴 마니 받메훔 진언이 새겨져 길을 안내한다.

당시에는 숲이 우거져 한낮이 되어야만 해를 볼 수 있었고 한밤중이라야 달빛이 비쳤다고 한다. 태양과 달을 반나절만 접할 수 있었기에 반월암이라고 이름을 붙였다. 시주석을 따라 계단을 오르면 바위에 새겨진 마애부도가 나온다.

석양빛이 바위를 물들이는
고부랑길

반월암을 나와 조금만 내려가면 삼막사다. 연원이 오래되었기에 이곳을 수행처로 삼아 거쳐 간 승려가 여럿이다. 신라 시대부터 조선까지 도선국사, 지공화상, 무학대사, 서산대사, 사명당 같은 스님들이다. 산이 높고 시야가 트였기에 경기도와 광명시 일대를 굽어볼 수 있다. 사찰 앞 빈터에 마련된 벤치에서 잠시 숨을 고르고 길을 따라 경인교대 방향으로 내려가 보자.

길가에 원효대사의 명언을 적은 팻말이 세워져 있어 한 편씩 읽으며 걷는 재미가 삼삼하다. 골짜기를 서편에 끼고 포장길이 굽이굽이 이어지는

삼막사
원효대사가 창건하여 지금껏 이어지고 있다.

삼성산 산책로
구절양장 고부랑길이 계속 이어진다.

외중에 왼쪽은 벼랑이요 우측은 저무는
석양빛이 암반을 황금빛으로 물들인다.
장쾌한 풍광은 아니지만 청록파 시인 박
목월의 시구가 떠오르는 길이다.

'구름에 달 가듯이 가는 나그네. 길은 외줄기 남도 삼백 리. 술 익은 마을
마다 타는 저녁놀'

이 계곡을 따라 걷는 길은 사계절 어느 때에 찾아도 좋다. 봄이면 물 오
르는 초목산천을 배경으로 아지랑이가 몰랑몰랑 올라오는 길을 거닐어 볼
수 있다. 한여름날에는 시원한 산들바람과 함께하며, 붉은 단풍이 길을 안

내하는 가을부터 겨울까지는 언제나 타는 저녁놀을 볼 수 있다. 거리로는 약 4km이니 천천히 걷는다 치면 한 시간 정도 소요된다.

구절양장 고부랑길을 타고 20여 분쯤 내려오면 경인교대 앞 삼막천까지 약 500m에 달하는 직선 길이 나온다. 내려갈 때도 좋지만 올라오는 방향에서 보면 높낮이가 상당하여 옛날 로드 무비의 한 클리셰를 느낄 수 있다. 저 멀리 포장길을 따라 등산객의 머리 윤곽이 보이는 듯하더니 이어서 상체가 드러나고 경쾌한 발걸음을 내딛는 전신이 시야에 들어오는 장면.

한편, 삼막사 갈림길에서 양양유원지 방면으로 내려가는 코스도 추천한다. 차 한잔 마실 정도의 시간이면 염불사에 다다르고 여기서부터 안양유원지까지 포장도로가 이어진다. 거리는 2km 정도이며 경인교대 방향과는 달리 숲길을 따라 걷는 맛이 괜찮다. 소나무 가지 사이로 쏟아지는 햇살이 윤슬처럼 빛나며 잔그늘을 만들어 콧노래가 절로 나오는 길이다.

청계산 오르기 전
추사 김정희를 알고 가면
좋습니다

양재동과 경기도 과천시 주암동 사이에 자리 한 청계산을 오르면 남으로 바라산과 광교산으로 이어져 수원시까지 한달음에 내려갈 수 있다. 산세가 꽤나 깊어서 곳곳에 둘러볼 만한 명소가 여러 곳이다. 사람들이 가장 붐비는 장소는 서울대공원, 국립현대미술관, 경마장(렛츠런파크 서울)이고 등산객이라면 매봉과 석기봉을 거쳐 청계사로 내려오는 코스를 자주 찾는다.

이번 산책 코스는 지하철 신분당선 청계산입구역에서 출발하여 옥녀봉에 올라 경치를 감상하고 삼포마을로 내려와 추사박물관에서 마무리하는 경로다.

주말에는 사람들로 북적이므로 양재역 10번 출구에서 서초08번 마을버스를 타고 서울추모공원에서 하차하여 올라가는

추사박물관
추사 김정희를 기리는 박물관.

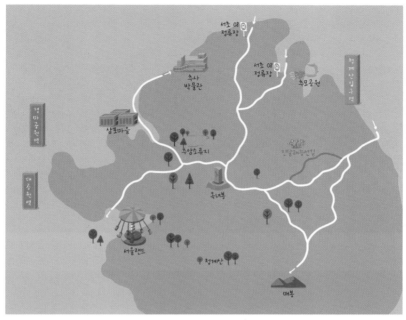

청계산 옥녀봉에서 과천 경치를 감상하고 추사박물관에 이르는 길

길을 추천한다.

신분당선 청계산입구역 2번 출구로 나와 조금 걷다가 굴다리 밑으로 우회전하면 청계산 원터골이다. 시골 장터 분위기를 물씬 풍기며 주르륵 늘어서 있는 좌판을 기웃기웃하다 보면 어느새 청계산 들머리가 나온다.

맑을 청淸에 시내 계溪를 쓰는 지명에서 짐작할 수 있듯이 산책로 초입부터 계곡물이 상쾌한 소리를 내며 흘러간다. 우측 진달래 능선으로 가는 길을 타면 봄에는 화사하게 피어나는 꽃길을 거닐 수 있다. 해발 376미터의 옥녀봉까지는 완만한 능선 길이 이어지므로 천천히 걷더라도 한 시간 안쪽으로 도착한다.

정상의 북서쪽은 벼랑이기에 탁 트인 시야가 펼쳐지며 여기에 넓다란 조

서울대공원 호수
옥녀봉에서 바라본 과천서울대공원 풍경

청계산 옥녀봉
벼랑 위에 만들어진 옥녀봉에서 과천 시내와 관악산을 조망할 수 있다.

망대를 설치해 놓았다. 서쪽으로 경마장을 굽어볼 수 있으며 그 옆으로 서울대공원 호수가 한눈에 들어온다. 우뚝 솟아 마주하고 있는 관악산이 손에 잡힐 듯 다가서므로 벤치에 앉아 잠시 숨을 고르며 경치를 감상하기에 그만이다.

옥녀봉에서 경치를 구경하고
추사박물관으로

옥녀봉에서 양재역 방향으로 내려오다 좌측 샛길로 빠지면 서울대공원이나 삼포마을로 내려갈 수 있다. 마을 바로 옆이 경마장이고 인근에 추사박물관이 서 있다. 삼포하면 떠오르는 노래가 있다. 배따라기의 이혜민이 만들고 강은철이 부른 〈삼포로 가는 길〉이다.

이혜민이 창원시 진해구 웅천동을 걷다가 마주한 삼포마을을 보고 마치 동화 속 풍경 같은 느낌을 받아 작사·작곡하였다. 강은철의 미성이 안겨주는 묘한 분위기의 노래로 이후 삼포마을은 창원시의 관광 명소로 이름을 떨친다. 비록 진해구의 삼포마을은 아니지만 과천시 삼포마을은 전원주택이 늘어서 있어 푸근한 인상을 전해 준다.

'바람 부는 저 들길 끝에는 삼포로 가는 길 있겠지'

가사 한 귀절을 흥얼거리다 보면 어느새 추사박물관에 도착한다.

박물관 바로 앞에 추사 김정희가 노년에 머물렀던 과지초당을 복원해 놓았다. 단출한 한옥에 자그마한 연못이 자리하고 추사의 동상이 서 있으나 구성이 어설퍼 보인다. 억지스러운 짜임새에 불필요하게 끼워 넣은 느낌이

과지초당
김정희가 기거했던 집을 추사박물관 앞마당에 복원해 놓았다.

다. 아버지 김노경이 세상을 뜨자 김정희는 옥녀봉 중턱에 부친의 묘를 안치하고 3년상을 치렀다고 전해진다.

힘든 시절에 자신을 갈고 닦아
눈부신 업적을 이루다

추사는 조선 왕실의 외척(영조의 딸 화순옹주의 증손주)으로 태어나 어려서부터 글솜씨가 남달랐다. 젊은 시절 북학파의 거두 박제가의 영향을 받아 학문에 힘을 쏟는다. 24세 때 과거에 급제하였고 청나라 사신으로 가는 아버지를 수행하여 40일간 연경^{베이징}에 머문다. 이 시기에 융성한 청나라 고증학을 접하고 당대 지식인과 소통하며 학문의 깊이를 더한다.

조선으로 돌아온 뒤에도 청나라의 대학자 옹방강과 서편을 주고받으며 교류를 이어 나간다. 30대에는 북한산 비봉에 세워진 비석이 '진흥왕순수비'임을 고증하며 눈부신 업적을 쌓는다. 병조와 이조참판을 역임하는 가운데 윤상도의 옥사가 발발하여 9년 동안 제주도 유배 생활을 한다.

윤상도는 고위 관료의 비리를 고발하는 상소문을 올렸으나 임금과 신하를 이간질한다는 공격을 받아 죽임을 당한다. 이 상소문을 쓸 때 김정희가 도움을 주었다는 누명을 쓰고 귀양을 갔던 것. 그가 활동하던 조선 말기는 안동 김씨가 매관매직을 일삼던 시절이라 귀양살이가 끝난 뒤에도 벼슬길에 나아가지 않았으며 과천에서 생을 마감한다.

19세기 조선이 낳은 천재 지식인이자 실학자이며 서화가인 김정희의 〈세한도〉가 제주 귀양 시절에 탄생한다. 힘겨운 유배 생활을 하면서 추사체라는 독보적 글씨도 이때 큰 변화를 일으켜 역사에 굵은 필적을 남긴다.

인왕산 산책길은
뒤돌아볼 때마다
근사합니다

경복궁과 인왕산 사이에 위치한 서촌은 청운효자동과 사직동 일대를 일컫는 지역이다. 조선 시대부터 왕족, 양반, 중인의 거주지로 이름나 있으며 일제 강점기 때에는 여러 화가와 문인이 살았다. 윤동주 하숙집, 이중섭 생가터, 이상범 가옥, 박노수 미술관이 그러하다.

현대에 와서는 청와대 경비를 위해 개발이 제한되었기에 아직도 옛 흔적이 드문드문 남아 있다. 서촌의 중간 지점인 수성동 계곡을 통해서 인왕산 동편 자락을 거닐 수 있으니 남산부터 북악산까지 한눈에 굽어볼 수 있어서 근사하다. 아울러 지도에도 표시되지 않은 수려한 조망점이 곳곳에 자리하고 있어 둘러보는 재미가 남다르다.

이번 산책은 서촌을 바라보는 인왕산 자락을 타고 올라 청운효자동 방면을 조망하고 윤동주 문학관으로 내려오는 경로다. 이 산책길에서 빼놓지 말아야 할 곳은 인왕산 중턱에 자리한 석굴암이다. 늘어진 소나무와 암반 사이로 달력 사진에 어울릴 만한 풍경이 배어난다. 게다가 군부대 초소였

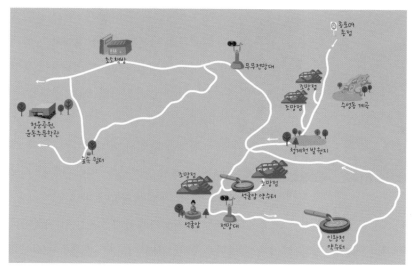

수성동 계곡에서 석굴암을 거쳐 숲속 쉼터까지 거니는 인왕산 산책길

던 바위 전망대에서 바라보는 경치도 훌륭하다. 적당한 크기의 바위가 겨울바람을 막아 주는 아늑한 장소다.

맑은 물소리 들리는
청계천 발원지

지하철 3호선 경복궁역 3번 출구로 나와 마을버스 종로09번을 타고 종점에 내리면 수성동 계곡이다. 이곳은 겸재 정선의 〈장동팔경첩〉에 나올 만큼 수려했으나 경제 개발이 한창이던 1971년 옥인시범아파트가 건립되면서 옛 모습을 잃었다. 이후 2012년에 낡은 아파트를 철거하면서 계곡 복원 사업을 거쳐 지금에 이르고 있다.

맑은 물소리 들으며 골짜기를 따라 조금 오르다가 우측 샛길로 들어서면

맑은 물소리 들리는 계곡.
수성동 계곡에서 바라본 인왕산 전경

청운효자동을 굽어볼 수 있는 조망점이 2군데 나온다. 제법 지대가 높아서 근사한 풍경을 접할 수 있다. 옛 옥인 시범아파트의 철거된 벽체 일부를 볼 수 있는 것은 덤.

정자를 뒤로하고 다시 계곡 길을 타면 청계천 발원지를 거쳐 인왕산 석굴암으로 가는 이정표를 만난다.

계단을 차례차례 오르면서 뒤돌아볼 때마다 서촌 풍경이 달라지는 경험을 하다 보면 어느새 석굴암 약수터에 다다른다. 왼편으로 난 소로를 잠깐만 따라가면 노출된 암반 위에서 경복궁 일대를 조망할 수 있으니 빼놓지 말고 둘러보자.

포개진 바위 사이로 비치는
아름다운 풍광

다시 약수터로 돌아와 계단을 오르면 석굴암 바로 못 미쳐 좌측에 또 하나의 조망점이 산책객을 유혹한다. 비슷한 구도에서 바라보는 서촌 풍경이지만 꽤 지대가 높아서 몇 걸음마다 색다른 풍경으로 다가온다.

한편, 석굴암은 포개진 바위 사이에 불전을 조성해 놓았기에 오붓한 기분을 느끼게 해 준다. 더욱이 암자 앞마당이 상당히 넓은 편이라 아파트 단지에서는 결코 경험할 수 없는 낯선 푸근함과 여유로움이 있다. 오른편으로 발걸음을 옮기면 마치 거인이 가지고 놀던 공깃돌 같은 바위 아래로 샘

석굴암에서 바라본 서울 시내 풍경
노출된 암반과 늘어진 소나무 사이로 서촌이 드러나고 있다.

석굴암 마당 앞 경치
별천지에 온 듯한 풍경을 보여 준다.

물이 솟아나며 고드름을 만들고 있다.

서로 기댄 바윗돌 사이로 내비치는 서촌 풍경이 무척이나 볼 만하다. 서촌 일대 북악산 자락과 남산까지 조망할 수 있으므로 이번 산책 코스에서 가장 풍광이 인상적인 장소다.

석굴암 왼편으로 얼마간 내려가면 암석 위에 세운 전망대가 산책객을 기다리고 있다. 원래는 군 초소 시설로 쓰이던 암반이었으나 부대가 이전하면서 전망대로 꾸며졌다. 아직까지 지도에는 표시되지 않고 있는 곳이라 한적한 가운데 서울 시내를 조망할 수 있다. 눈보라가 치거나 태풍이 물러간 뒤에 찾으면 꽤 드라마틱한 사진을 찍을 수 있는 장소로 보인다.

다시 서편으로 발걸음을 옮기면 흔적만 남은 절터에 금봉보살 입상이 덩그러니 놓여져 있다. 여기서부터는 산책로를 따라 인왕천약수터를 거쳐 포장도로까지 한달음에 내려갈 수 있다. 계곡길을 따라 군데군데 노출된 서촌 풍경을 감상하며 무무전망대로 가 보자.

성곽 길 옆
아늑한 숲속 쉼터

　　　　　자동차 길 옆의 보도를 따라 5분 정도 걷다 보면 무무無전망대가 나온다. 표석을 보니 '아무것도 없구나 오직 아름다움만 있을 뿐'이라고 새겨져 있다. 무무전망대에서 보는 풍경이 멋지기는 하지만 뭔가 맺어 주는 포인트가 없어서 밋밋한 느낌이다. 약간은 허허롭다고나 할까? 비구름이 바람을 타고 흘러가야만 그럴싸한 그림이 나올 것 같다.

전망대를 뒤로하고 북진하면 더숲초소책방으로 가서 차 한잔을 마실 수도 있으며 다시 산길을 잠시 올라 숲속 쉼터로 가는 것도 훌륭한 선택이다.

숲속 쉼터
군부대의 초소였던 곳을 아늑한 쉼터로 꾸몄다.

직선 길로 계단을 조금만 오르면 울창한 수풀 사이에 세워진 현대식 건물이 눈에 뜨인다. 본디 군인들이 거주하던 공간이었으나 2018년 인왕산 개방에 따라 서울시에서 조성한 쉼터다.

안으로 들어서면 마치 아늑한 둥지에 자리잡은 듯한 기분을 느낄 수 있다. 음료를 팔지도 않고 음식물도 반입할 수 없으며 한가로이 앉아서 책을 보며 생각에 잠길 수 있는 공간이다. 숲속 쉼터는 곧바로 서울한양도성길로 이어지므로 성곽 너머 부암동 풍경을 감상하며 진행하면 청운공원을 거쳐 윤동주 문학관에 다다른다

45억 년의 지구 역사에서 처음으로 하늘을 날아오른 나방은 날개가시라는 독특한 연결기관을 만들어 냈다. 앞날개와 뒷날개를 하나로 결합시키는 날개가시로 인하여 나방은 시속 70㎞를 넘는 속도로 날 수 있다.

이 책은 사진과 글이 날개가시와 같은 짜임새로 융해된 도서이므로 앞으로 다가올 이미지로 통섭하는 시대의 가교를 놓았다고 생각한다. 일반적인 서책이라고 하기에는 사진이 넉넉하고 화보라고 여기기에는 글이 두둑하다.

인터넷 혁명이 가져다준 초연결 사회는 픽셀이 엮어 내는 이미지로 세상을 밝혀 나갈 것이다. 인류를 둘러싸고 있는 유무형 환경은 이미 사진이 없으면 기능하기 힘든 세기가 되었다. 이 책자가 이미지 시대로의 특이점을 연 작품이 된다면 애독자 성원 덕분이다.